JN016954

すっきりわかる!

最新

QC検定 4

テキスト&問題集

QM/QC Exam Grade 4 Text & problem collection

著 今里 健一郎

秀和システム

まえがき

本書の対象となる人は、組織で仕事をするにあたって、品質管理の基本を含めて企業活動の基本常識を理解しており、企業などで行われている改善活動も言葉としては理解できるといった人です。

社会人として最低限知っておいてほしい仕事の進め方や品質管理に関する用語の知識は有しているというレベルです。例えば、次のような人が当てはまります。

・初めて品質管理を学ぶ人　・新入社員　・従業員
・初めて品質管理を学ぶ大学生・高専生・高校生

本書で解説する内容は、次の2つです。

1) 2015年に改定された3級QC検定レベル表の項目
2) 品質管理の実践と品質管理の手法ならびに企業活動の基本

本書の特徴として、初めて勉強される方々にもわかりやすくするために、図解中心で解説を進めていきます。主な特徴は、次の4つです。

1) 各項目（基本は見開き単位）に、タイトル、解説、図解、キーワードをまとめています。
2) 計算の項目においては、やさしく計算式を解説し、計算例を紹介しています。
3) 各章末に対象となる項目の問題を用意しています。各章で勉強した内容が理解できたかどうか試してみてください。解答と解説は159ページから記載しています。
4) 第Ⅳ部として、品質管理検定（QC検定）4級の模擬問題を用意しています。問題の内容は、本試験と同じ形式で□内に適切と思われる言葉を選択肢から選ぶ問題と「○」「×」方式で記入する問題があります。

これらの特徴を活かして本書を活用するには、次の3つのステップで進めてみてください。

Step 1. 各項目の「解説」を読み、「図解」を見てください。項目の最後に記載している「キーワード」で必要な用語を確認してください。

Step 2. 1つの章が終わったら、章末の「問題」を解いてみてください。できましたら「解答と解説（159ページから収録）」をご覧いただき、正解なら次の章に進んでください。

Step 3. 第10章「企業の周辺活動」まで終わったら、模擬問題にチャレンジしてください。試験時間は90分です。もちろん本書の解説を見ないで試してください。電卓はシンプルなものは使えます。関数電卓やスマートフォンは使わないでください。70%以上の正解を目指してください。

本書の出版に際して、多くの方々にご尽力いただき、また読者の方々から貴重なご意見をいただいたことに厚く御礼申し上げます。

2021年2月　今里健一郎

QC検定（品質管理検定）とは[*1]

QC検定は、品質管理に関する知識を客観的に評価するための試験で、（一財）日本規格協会と（一財）日本科学技術連盟によって主催され、（一財）日本品質管理学会により認定されている民間資格です。働く人の品質に対する意識、能力、提案力や知識レベルを評価するもので、筆記試験を行って評価します。

QC検定は現在は、年2回（9月と3月）の試験が実施されており、2021年2月現在、1級／準1級から4級までの合格者は、2005年の第1回試験から累計で55万人（うち4級合格者17万人）を超えています。

本書の対象である4級の受験者も、近年は毎回1万人（合格者9000人前後）を超えています[*2]。

さて、技術の客観的評価や品質管理教育の一環として実施されるＱＣ検定は、現在、多くの企業から協賛を受け、資格取得が積極的に奨励されています。4段階の検定レベルの知識獲得は、企業人や学生のスキルアップ、キャリアアップを強く支援してくれるものといえます。

●問い合わせ先

QC検定センター
〒108-0073　東京都港区三田3-13-12三田MTビル
TEL：03-4231-8595　　FAX：03-4231-8690
E-mail：kentei@jsa.or.jp（問い合わせ一般）
qc-dantai@jsa.or.jp（団体申込み専用）

＊1　日本規格協会グループのホームページを参考に作成しました。
＊2　残念ながら、2020年３月の試験は新型コロナの影響で中止、同年９月には受験者数の制限を設けつつも再開された。

●品質管理検定（QC検定）のレベルと種類

QC検定では、企業において品質管理、改善を実施するレベルはどのくらいか、そしてその管理、改善をするためにどれくらいの知識が必要かで、4つの級を設定しています。

●4つの級のねらいと知識レベル

級	ねらいと人材像	品質管理検定レベル
1級／準1級	品質管理部門のスタッフ、技術系部門のスタッフなど、企業内において品質管理全般についての知識が要求される業務にたずさわる人。	品質管理活動のリーダーとして、品質管理の手法、実践全般に関する理解度、および品質管理周辺の手法や活動としてトピック的事柄に関する基礎知識、ならびに2〜4級の試験範囲を含む理解度の確認。
2級	QC七つ道具などを使って、品質に関わる問題を解決することを自らできることが求められる人、小集団活動などでリーダー的な役割を担っており、改善活動をリードする人。	QC七つ道具等を含む統計的な手法の活用や実践のために必要とされる知識の理解度、確率分布、検定、推定、相関分析、回帰分析、実験計画法、抜取検査、信頼性工学、品質機能展開、統計的プロセス管理などの基本的な事項、ならびに3〜4級の試験範囲を含む理解度の確認。
3級	QC七つ道具などの個別の手法を理解している人、小集団活動などでメンバーとして活動をしている人、大学生、高専生、工業高校生など。	データの取り方やまとめ方の基本とQC七つ道具の利用、新QC七つ道具の基本、QC的ものの見方、考え方、管理と改善の進め方、品質、プロセス管理、問題解決、検査と試験、標準化など、基本的な管理改善活動に関する事項、ならびに4級の試験範囲を含む理解度の確認。
4級	これから企業で働こうとする人、人材派遣企業などに登録されている派遣社員の人、大学生、高専生、高校生など。	品質管理、管理、改善、工程、検査、標準、標準化、データ、QC七つ道具、企業活動の基本など、企業活動の基本常識に関する理解度の確認。

※試験のレベルと内容の詳細は日本規格協会のホームページからPDFファイルをダウンロードして確認することができます。

試験の概要（2021年3月現在）

年2回（3月、9月）、全国で約120か所、都道府県に1〜2か所程度設けられる試験会場で試験が実施されます。詳細は、日本規格協会（JSA）のホームページから「試験要項」をご確認ください。

受験資格の制限はなく、どの級からでも受験することができます。

●試験の申込み方法

個人および団体で申込みができます。いずれもJSAのホームページから受付期間内に「申込ボタン」をクリックし、必要事項を記入します。

なお、本書執筆時点ではコロナ禍によって試験会場の規模が制限されている関係上、申込み後に抽選方式で受験できるか決まります。

●受験手数料

1級	9,900円	1・2級併願	13,860円
2級	5,500円	2・3級併願	8,910円
3級	4,400円	3・4級併願	6,930円
4級	3,300円		

※受験料の支払い方式はクレジットカードによる引き落としとなります。

●試験時間

1級	13:30〜15:30（120分）	マークシート・論述
2級	10:30〜12:00（90分）	マークシート
3級	13:30〜15:00（90分）	マークシート
4級	10:30〜12:00（90分）	マークシート

※準1級と認められた方の1級受検は、1級試験（マークシート・論述／120分）と同じになります。

●試験日程（1〜4級）

	上期	下期
試験日	3月第3日曜日	9月第1日曜日
申込み受付開始	12月下旬	6月上旬

※詳細は決まり次第、順次、JSAのホームページに掲載される。

受験の心構え

さあ試験本番！　でも緊張をして学んだものを出せなかったら意味がありません。

ここでは、試験に臨むにあたって、持っている力をすべて出すためのちょっとしたコツを伝授しましょう。

試験会場をしっかり確認！

試験会場は公表されず、受験票にのみ記載されます。必ず会場の場所と交通手段を確認しておきましょう。駐車場はありませんので公共交通機関を使います。試験会場には少なくとも試験開始の1時間前には到着しているぐらいにしましょう。

筆記用具の準備は万全に！

マークシート形式では、筆記用具としてHBまたはBの黒鉛筆かシャープペンシル、消しゴムが必要です。折れたりなくしたときのために十分な数を準備しておきましょう。ボールペンや万年筆、サインペンは使えません。

マークシート形式なので消去法で！

試験はマークシートで正解を選択する方式です。落ち着いて明らかに異なるものを外していくことで正解が見えてきます。難しい問題は、あなただけが難しいのではありません。簡単な問題から解いていきましょう。

体調を整えておく！

心身ともに万全の状態で実力を発揮できるようにするためにも、前日にしっかり睡眠をとり、当日の朝には食事をしておきます。また、感染症対策などが必要な場合は、マスク・手洗いなどの対策をとり、不要な食事や会話を避けるなど万全を期しましょう。

目 次

第3章　改善

第4章　工程

第5章　検査

第6章　標準・標準化

第Ⅱ部　品質管理の手法編

第7章　事実に基づく判断

第8章　データの活用と見方

第Ⅲ部　企業活動の基本編

第9章　企業活動

第10章 企業の周辺活動

第Ⅳ部 QC検定模擬問題

第 I 部

品質管理の実践編

目標は1つですが結果はばらつきを持っています

設計品質は、バス停の時刻表のように1点で決められますが、結果としての製造品質は、バスの到着時間のようにばらつきを持っています。

しかし、製造品質がお客様の要求を満たす必要があるため、一般的に設計品質は、ある目標値±ある値の中で仕上がるように規格値が設定されています。

企業では、商品の仕上がりがこの規格値に収まるよう、工程を管理していきます。

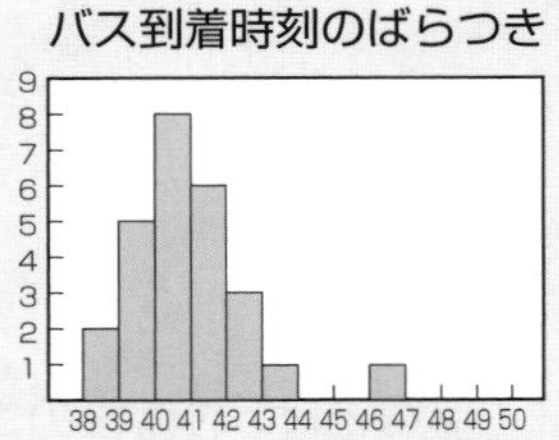

第1章

品質管理

品質とは、お客様のニーズを満たしている程度です。
そのために、マーケットインの考え方でお客様が
満足する方法を試行錯誤します。

1-1 品質とその重要性

品質（Quality）とは、「製品やサービスがお客様のニーズを満たしている程度」です。品質を構成するのは、Q（Quality＝品質：狭義の品質）、C（Cost＝コスト：原価・利益）、D（Delivery＝量・納期）です。

品質とは、「ある製品やサービスが、それを使用するお客様のニーズをどのくらい満たしているかの程度のこと」をいいます。

例えば、自転車を買うお客様は、「デザインが良い」「便利な機能が多い」などを考えて購入するかどうかを判断します。また、サービス業などでは、「依頼した仕事が、契約価格内で、依頼どおりに仕上がり、期日どおりに完了する」ことによって、依頼主は満足します。

このように、企業の提供する製品やサービスが、お客様の求めている条件をどれだけ満たしているかが品質です。お客様は、自分の要求が満たされていれば品質が良いとか優れていると判断し、満たされていなければ品質が悪いと判断します。お客様が買った商品や受けたサービスに満足すればまた買ってくれますし、他人に薦めることになります。

◎製品の品質とサービスの品質

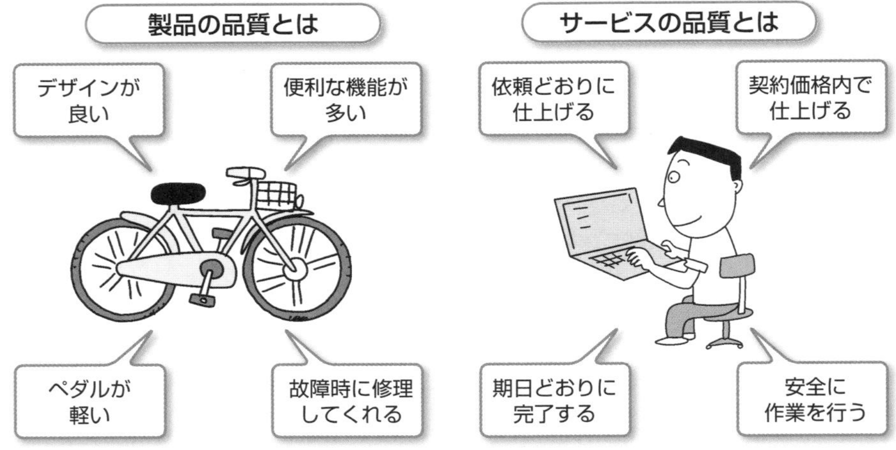

● 品質を構成するQCD

製品やサービスそのものが良い品質であるのはもちろんのことです。しかし、良い品質の製品やサービスであっても、価格が高すぎると買わなくなります。つまり、その商品やサービスに見合った価格であることが必要になります。

さらに、品質や価格が適切であっても、「数か月後に製品をお渡しします」では困ったものです。製品やサービスは、お客様が必要としているときにタイムリーに入手できることも重要です。企業では、

❶ Q（Quality＝品質：狭義の品質）
❷ C（Cost＝コスト：原価・利益）
❸ D（Delivery＝量・納期）

を同時に達成していくために活動しています。

品質とは

課長：製造部の品質といったら何があるかな。
C子：まずは納期を守ることです。指定時間に1時間遅れてもアウトです。
Q男：良い製品を提供することが第一だよ。不良品が混じれば話にならない。
C子：サービス業務では、誤りのない仕事を正しく進めることですね。もちろん、決められた納期どおりに仕上げることですね。
課長：コストも忘れちゃ困るよなあ。「良い品をより安く」がうちのモットーだ。
C子：サービス業務では経費を節約するといったことですね。
課長：Q（品質）C（コスト）D（納期）が板についてきたね。

品質とは、QCDの同時達成ですね

品質、品質が良い、品質が悪い
Q（Quality＝品質：狭義の品質）、C（Cost＝コスト：原価・利益）、D（Delivery＝量・納期）

1-2 品質優先の考え方（マーケットイン、プロダクトアウト）

品質優先とは、良い品質の製品やサービスを提供することです。企業の立場を優先したプロダクトアウトの考え方ではなく、お客様から見たマーケットインの考え方を取り入れることです。

お客様に選んでもらえるように、お客様指向で企業活動を行います。そのために、お客様が真に望むものを企業が提供していくという考え方が重要です。お客様の要求する品質を的確に把握し、これを満たす製品やサービスでなくては買ってもらえないわけです。

したがって、企業の立場を優先したプロダクトアウトの考え方ではなく、お客様から見たマーケットインの考え方を取り入れることが重要です。プロダクトアウト（Product Out）とは、企業中心の考え方で、つくる立場に立って生産した製品やサービスを市場に出していくことであり、マーケットイン（Market In）とは、お客様の立場に立って市場のニーズに応じた製品やサービスをつくることです。

◎マーケットインとプロダクトアウト

①プロダクトアウト（Product Out）

企業・組織中心の考え方で、つくる立場に立って生産した製品やサービスを市場に出していくこと

②マーケットイン（Market In）

お客様の立場に立って市場のニーズに応じた製品やサービスをつくること

お客様の声を取り上げるアンケート

お客様（顧客）のニーズは個々に多様性を持っています。すべての人が満足する製品やサービスを提供することは不可能です。したがって、同じニーズを持つお客様を性別・年齢・職業などのお客様属性でまとめます。このお客様の属性ごとに、そこにニーズを満たす製品やサービスを提供することで、効果的・効率的にお客様の満足度を向上させることができます。

したがって、製品やサービスを提供する組織は、自らにとってのお客様を特定し、そのお客様のニーズを的確に把握します。お客様のニーズを的確に把握するための１つの方法にアンケートがあります。

マーケットイン

Q男：部長は「お客様ニーズに合った商品の開発」って言っていましたが、どう考えたらいいでしょうか。
課長：基本は「お客様が望むものを提供する」、これがマーケットインだ。
Q男：とりあえずアンケートをとってみましょうか？
課長：気軽に言うね。アンケートは目的を明確にして仮説を立てないと。
Q男：目的？　仮説？
課長：何のつながりもなく「どうですか？」と聞くのではなく、何を聞くかをはっきりさせて、どんな分析をするかも予測して行うんだ。第一、何でもかんでも聞かれたら、お客様も迷惑だろう。
Q男：なるほど。

マーケットインの考え方で仕事を進めます

プロダクトアウト（Product Out）、マーケットイン（Market In）
お客様（顧客）、属性、お客様（顧客）が満足

1-3 品質管理とは

品質管理とは、お客様のニーズに合った製品やサービスを経済的につくり出すための活動です。品質管理のことを英語では Quality Control と書き、略して「QC」と呼びます。

企業や組織は製品をつくりサービスを提供します。そのとき、考えなければならないのは“良い品質”であるということです。良い品質とは、製品やサービスがお客様のニーズに合っていることは当然ですが、いつ買っても同じ品質のものが得られる必要があります。同じ製品やサービスを購入したはずなのに、購入のたびに品質が違っていたのでは、お客様の不満のもとになります。

前に買ったものが良かったので今回も同じものを買ったが、今回は粗悪品だったというのでは、困ったものです。

したがって、企業や組織ではそのようなことがないよう、お客様がいつでも同じ品質の製品やサービスが入手できるようなしくみをつくり、そのしくみに従って活動することが、品質管理の活動といえます。

◎良い品質が一定に保たれるしくみづくりが品質管理

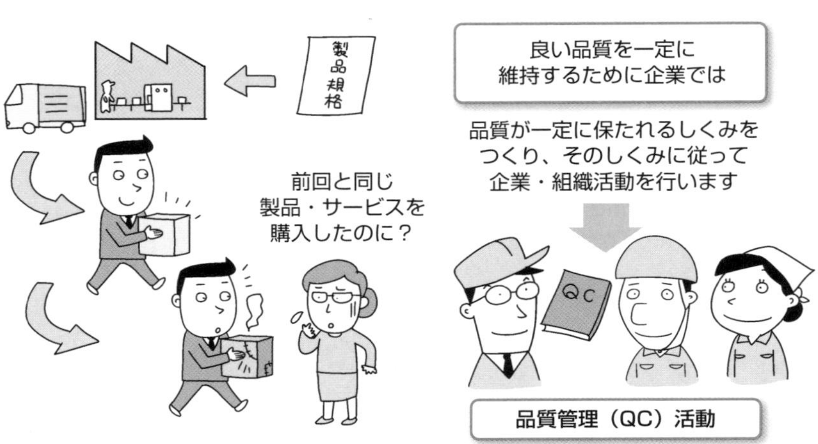

● 総合的品質管理（TQM）とは

企業や組織では、品質が一定に保たれるように、材料の仕入れ、製品の生産、検査、出荷の各プロセスで、品質管理活動が行われています。

したがって、品質管理活動は一部門だけの取り組みで成功することは決してありません。良い品質を実現していくためには、企業の開発・設計部門、生産部門、管理部門、営業部門などのすべての組織が協力し合って、品質管理を行う必要があります。この活動を総合的品質管理（TQM：Total Quality Management）と呼びます。

品質管理

C子：お客様から「前回と同じものを買ったのに、ブツブツ……」と苦情を言われました。

課長：そうだ。つくる人や時期が変わっても、同じものをお客様に提供する必要があるんだ。そのためにマニュアルをつくり、誰がやっても同じ仕上がりにしなければならない。新入社員だからといって言い訳は通らないんだ。

Q男：そのために、マニュアルをつくってみんな同じやり方で、熟練でない人でも簡単につくれるようにするんですね。

課長：そういえば、この前改善した製造ラインの作業マニュアル、まだじゃないか？

Q男：忘れていました！　すぐやります！

誰がいつつくっても同じに仕上がるための品質管理です

品質管理、Quality Control、QC、しくみ
総合的品質管理（TQM：Total Quality Management）

1-4 当たり前品質と魅力的品質

当たり前品質とは、不充足であれば市場クレームにつながる品質のことです。魅力的品質とは、それが充足されれば満足を得るが、不充足であっても仕方ないものです。

製品やサービスは、不足してはならない“**当たり前品質**”と、あれば満足度が高まる“**魅力的品質**”でできています。

当たり前品質とは、「お客様は、それが充足しても当たり前としか受け止めず、不充足であれば不満を持つ品質」を意味します。この品質が満足されなければ、お客様は不満を持ち、その結果、市場クレームとなり企業に対してダメージを与えることになります。

魅力的品質とは、「お客様は、それが充足されれば満足を得るが、不充足であっても仕方ないと受け取る品質」を意味します。この品質を積極的に取り入れることによって、**お客様の満足度**を上げていきます。その結果、企業の発展に寄与することになります。

◎当たり前品質と魅力的品質

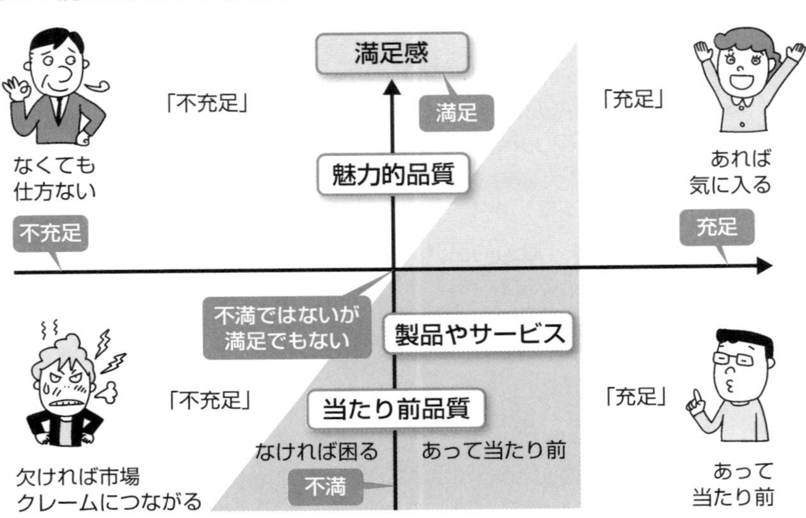

ボールペンの品質とお客様満足

例えば、ボールペンを買ってきて、使ってみたところ、普通に字を書くことができたところで「当たり前」で、特に不満も感じなければ、とりたてて満足することもありません。ところが、インクが出なくて使いものにならないときは、強い不満を感じます。これに対して、買ってきたボールペンが、期待以上に滑らかに書くことができたときには大変満足し、周りの人たちに薦めます。

このように、製品やサービスの品質は、当たり前品質と魅力的品質が合成されてでき上がっていきます。

満足度と品質

Q男：先日買ったボールペン、書き味が良くて滑らかに書けるよ。C子も使ってみたら。

課長：それって「魅力的品質」というんだよ。

C子：私が買ってきたボールペン、インクがかすれてきれいに書けないんですよ。ブツブツ……。

課長：それって「ボールペンで字が書ける」という「当たり前品質」が欠けているってことだね。そんなとき強い不満を感じるだろ。買ってきたボールペンが、期待以上に滑らかに書けたときには大変満足して、周りの人に薦めるだろ。

Q男：私たちの仕事にも「魅力的品質」と「当たり前品質」があるってことですね。

魅力的品質や当たり前品質とお客様の満足度が大切です

当たり前品質、魅力的品質
お客様の満足度

1-5 問題と課題

問題とは、現状の悪さと本来のあるべき姿のギャップであり、課題とは、現状がそう悪くなくても経営方針などで“ありたい姿”を設定したとき、現状とのギャップをいいます。

現状が悪い状態のとき、本来のあるべき姿とのギャップを**問題**といいます。

問題を解決するには、

❶発生している問題の現状を取り上げます。
❷問題の**原因**を探します。
❸原因を解消する対策を実施します。

現状がさほど悪くなくても、より高いレベルを設定したとき、このギャップを**課題**といいます。課題を達成するには、

❶**ありたい姿**から取り組むべき課題を設定します。
❷ありたい姿と現状レベルのギャップを明確にします。
❸課題を達成するアイデアを考え実施します。

◎問題と課題

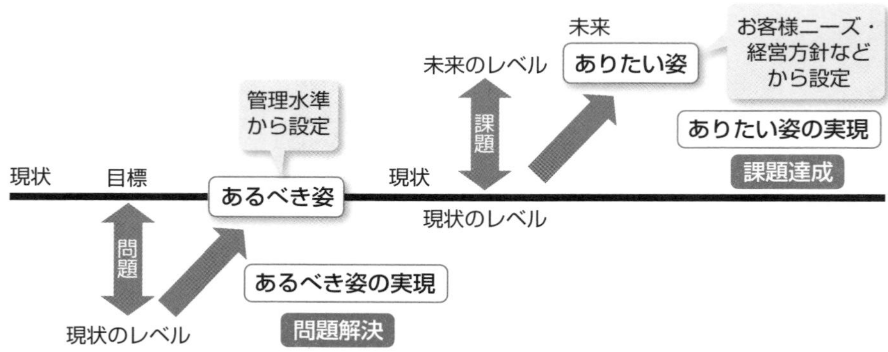

気づけば良くなる

例えば、朝起きたとき、身体が動かず、激痛が走ります。これは一大事、ということで病院に担ぎ込まれます。

しかし、「少し熱っぽい？」「少しだるい？」などいつもと少し違う程度ならば、「まあ、いいか」と風邪薬を飲んで出かけてしまいます。

でも、こんな調子で毎日過ごしていると、ある日突然倒れてしまいます。いつもと違う状態、ほんの少しの兆しでも感じたときは医者に相談してみます。まず、問診を行い、検査をします。検査の結果から不調の原因を探します。単なる疲労なら休息を勧めます。風邪なら風邪薬を出し、内臓疾患なら入院を勧めます。

問題と課題

C子：ここ3日ほどおなかが痛くって、胃薬を飲んでいるけど良くならないの……。

Q男：お医者さんに一度「検査」してもらったらどう？ 「原因」を見つけられれば対処できるよ。

課長：「問題」なのだから「原因」を的確につかんだほうがいいよ。

C子：そうですね。明日、病院へ行ってみます。

課長：ところで、Q男君。日曜日の市民マラソンに出るんだね。

Q男：そう、それなんですが、いまひとつ自信がなくて……。身体はどこも悪くないんですが、持久力が弱くて。

課長：身体はどこも悪くないので、上位入賞（ありたい姿）をねらって、トレーニングするしかないな。

C子：それって「課題」といえますね。

問題は原因を探し、課題は目標を目指します

問題、課題
原因、ありたい姿

1-6 苦情とクレーム

製品やサービスに対する不満の中で、お客様が供給者などに表明したものを苦情といい、このうち、損害賠償などを請求されたものをクレームといいます。

苦情とは、お客様およびその他の利害関係者が、製品やサービスまたは組織の活動が自分のニーズに一致しないことに対して持つ不満のうち、供給者または供給者に影響を及ぼすことができる第三者へ表明したもの（JSQC定義）です。

クレームとは、不満の表明だけでなく、具体的に、修理、取り替え、値引き、損害賠償など、「具体的請求を行うもの」です。

苦情／クレームの処理については、応急処置の手順、苦情／クレームの解析と再発防止、苦情／クレーム情報の活用などのしくみをつくり実行します。

◎苦情とクレーム

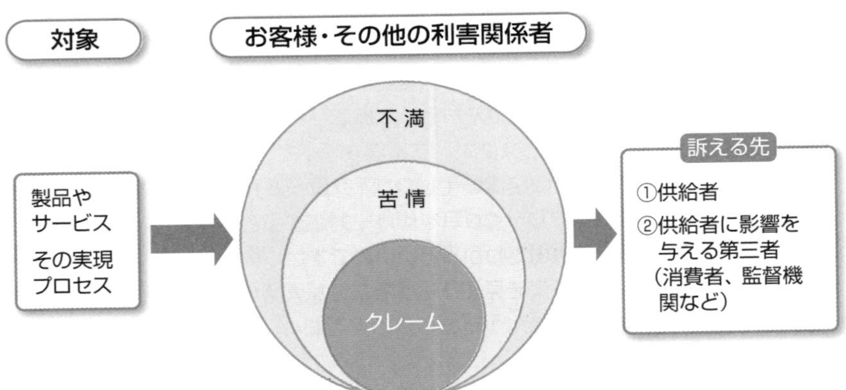

製品やサービスに対する不満の中で、お客様が供給者などに表明したものを苦情といい、このうち、損害賠償などを請求されたものをクレームといいます。

● お客様の声を聴くとは

お客様（顧客）のニーズは個々に多様性を持っています。すべての人が満足する製品やサービスを提供することは不可能です。

そのとき、お客様の声を聴くポイントは、まず自分の**お客様を特定**し、そのお客様がどう思っているのかを把握します。ここで**アンケート**などで調査します。そして、その内容が自分たちの仕事で実現できているかどうかを評価します。

つまり、お客様が感じている不満を**見える化**することです。

苦情とクレーム

C子：今日、お客様から苦情を言われて大変だったのよ。

Q男：お客様に納得してもらったのか？

課長：お客様が、製品やサービスに対して不満を言ってきたときを「苦情」というんだ。そして、何らかの賠償が生じれば「クレーム」となるんだ。「苦情」の段階で、お客様の声にじっくり耳を傾けて対応することが大切なんだよ。

C子：お客様の不満が、その場でわかるといいのですが……。

課長：そうだよ、お客様の不満を見える化することが大切なんだよ。

Q男：それって、アンケートなんかでお客様の声を聞くことなどでしょうか。

C子：日ごろ、お客様から言われたことを書き留めることも大切よね。これから気をつけます。

不満➡苦情➡クレームと発展します

不満、苦情、クレーム
お客様を特定、アンケート
見える化

問題
1 品質管理

次の文章において、[　　] 内に入る最も適切なものを下欄の語群から1つ選び、その記号を解答記入欄に記入してください。ただし、各選択肢を複数回用いることはありません。

(1) 品質優先とは、良い品質の製品やサービスを提供することです。企業の立場を優先した [1] の考え方ではなく、お客様から見た [2] の考え方を取り入れることです。

(2) 企業や組織が、お客様のニーズに合った製品やサービスを経済的につくり出すための活動を [3] といいます。このことを英語で略して [4] と呼びます。

(3) 製品やサービスは、不足してはならない [5] と、あれば満足度が高まる [6] でできています。 [5] とは、「お客様は、それが充足しても当たり前としか受け止めず、不充足であれば不満を持つ品質」を意味します。 [6] とは、「お客様は、それが充足されれば満足を得るが、不充足であっても仕方ないと受け取る品質」を意味します。この品質を積極的に取り入れることによって、お客様の満足度を上げていきます。

[(1)～(6) の選択肢]

ア. QA	イ. プロダクトアウト	ウ. プロダクトイン
エ. 魅力的品質	オ. 品質管理	カ. QC
キ. 当たり前品質	ク. 企画品質	ケ. マーケットイン

[解答記入欄]

1	2	3	4	5	6

(4) 現状の悪さと本来のあるべき姿のギャップが [7] です、また、現状がそう悪くなくても経営方針などで“ありたい姿”を設定したとき、現状とのギャップを [8] といいます。

(5) お客様およびその他の利害関係者が、製品やサービスまたは組織の活動が自分のニーズに一致しないことに対して持つ [9] のうち、供給者または供給者に影響を及ぼすことができる第三者へ表明したものを [10] といいます。また、不満の表明だけでなく、具体的に、修理、取り替え、値引き、損害賠償など、「具体的請求を行うもの」を [11] といいます。

[(7)～(11) の選択肢]

コ. 苦情　サ. 予防　シ. 課題　ス. 文句　セ. クレーム　ソ. 不満　タ. 問題

[解答記入欄]

7	8	9	10	11

(問題①の解答➡p.159)

MEMO

第2章

管理

管理とは、何らかの基準に対して、
そこから外れないようにものごとを
ある目的に対して維持・発展させることです。

2-1 管理活動（維持と改善）

目的とする仕事を着実に実現するためには、計画（Plan）し、実施（Do）し、実施結果を確認（Check）し、問題があれば処置をする（Act）というPDCAサイクルを回す必要があります。

PDCAサイクルは、品質管理だけでなくあらゆる分野で共通する仕事の進め方です。以下、このPDCAサイクルを説明します。

PDCAサイクルは、計画（Plan）し、実施（Do）し、実施結果を確認（Check）し、問題があれば処置（Act）をする、という4つのステップで構成されています。

● Plan（計画）

仕事の質を何で表すか、良い仕事とはどういうことが実現していることかをはっきり定義します。これを目的の明確化といいます。そして、その良い状態を実現するためにはどのようにしていくのか、を検討します。

◎PDCAサイクルとは

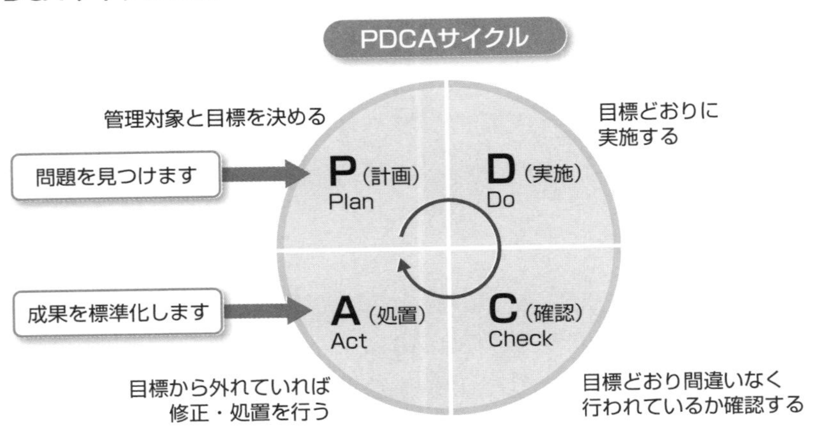

- **Do (実施)**

良い状態を実現する方法を実施者に示し、実施します。

- **Check (確認)**

進め方が良かったか、進めた結果が良かったかを調べます。

- **Act (処置)**

予想どおりの結果が得られれば、計画したことが適切であったと判断し継続します。計画と異なる結果であれば、なぜそのような結果になったのかを調べてその原因を明らかにし、その原因に対し処置をします。

PDCAサイクル

Q男：PDCAサイクルって、改善活動のことですよね。
課長：そうだね。計画・実施・チェック・アクションを回していくんだ。そして、うまく回っていくことをスパイラルアップ*というんだ。
C子：でも、最後のアクションを起こして標準化するのって結構大変ですよね。
課長：実行してチェックまではできても、標準化していない改善活動も多いな。
C子：この前、社外のセミナーで同席した人が「ウチの会社はPPPPだ」と笑っていました。実行する前に次のプランが出るんですって。
課長：大丈夫か、その会社。

職場を良くするにはPDCAサイクルです

PDCAサイクル
Plan（計画）、Do（実施）、Check（確認）、Act（ 処置）

＊**スパイラルアップ**　螺旋（らせん）階段のようにスパイラルを描きながら上昇していくこと。

2-2 仕事の進め方

良い品質を実現するためには、現状を維持する仕事、そして現状を向上させる仕事の２つがあります。どちらも非常に重要な仕事であり、常にこの２つの仕事を行うことが、働く者に課せられた共通の役割です。

技術が確立され、このS（標準〈Standard〉）で方法が明確になっている場合は、このステップを“標準（Standard）”として、標準（Standard）➡ 実施（Do）➡ 確認（Check）➡ 処置（Act）として回すこともあります。このサイクルがSDCAサイクルです。

現状を維持する仕事とは、現在決められている標準をしっかり守り、製品づくりやサービスの提供を続けることです。

例えば、以下のようなことで、この活動を維持管理活動といい、ここで重要なことは、標準を守らず自分勝手な判断で行動しないということです。

・決められた作業の方法（作業標準）を守る。
・いつもと違う状態が発生したら、決められたとおりに処理を行う。

◎SDCAサイクルとは

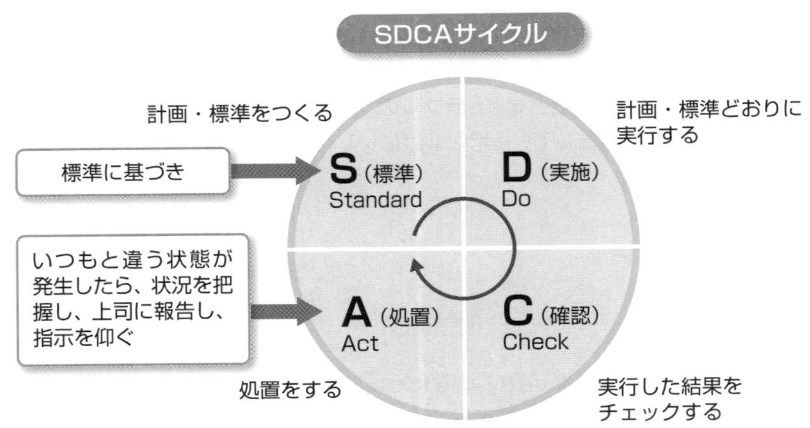

● 上司の指示に従い作業を行う

企業では、従業員がそれぞれ勝手な行動をとったら仕事が進みません。そこで、多くの人たちが働く企業には必ず取り決め（約束事）があります。この取り決めを"標準"といいます。

「現状維持は退歩」という言葉があるように、現状を維持していくだけでは企業は衰退してしまいます。現状に満足することなく、現状の作業やシステム上の問題点を探し、その問題を解決し、さらに良い状態や高い水準にもっていく日々の努力が大切です。

SDCAサイクル

C子：SDCAサイクルって、維持活動のことですよね。

課長：そう。標準に基づいて仕事を進めていくことが基本だよ。

Q男：もしトラブルがあって標準どおりいかなくなったときは、どうすればいいんですかねえ。

課長：トラブル時の対応が標準で決まっている場合は、それに基づいて処理すればいい。標準に書いていないことがあったら、私に相談してくれればいいよ。

C子：トラブルが起こったとき、トラブルの状況を調べて、課長に報告して、指示を仰げばいいのですね。

課長：そうだよ。

職場を動かすにはSDCAサイクルを回します

S（標準〈Standard〉）、実施（Do）、確認（Check）、処置（Act）
SDCAサイクル、維持管理活動

2-3 PDCA、SDCA

問題が発生すればPDCAサイクルを回し、職場を良くします。そしてそのやり方を標準化し、SDCAサイクルを回していきます。その結果、職場は良くなります。

維持活動（SDCAサイクル）とは、定められた標準（S：Standard）に基づき作業を実施（D：Do）し、管理尺度、管理水準による確認（C：Check）を行い、不具合が発生したときに処置（A：Act）を行うことです。

標準に基づくとは、職場の規程、マニュアルに基づいて業務を遂行することです。いつもと違う状態が発生したら決められたとおり処理します。

問題が発生して管理レベルが低下したとき、その問題の原因を追求して、改善策を施すことを**改善活動（PDCAサイクル）**といいます。

改善活動（PDCAサイクル）とは、問題を解決する対策の計画（P：Plan）を立て、実施（D：Do）し、確認（C：Check）を行い、良い成果が得られれば処置（A：Act）を行い、新しい維持活動（SDCAサイクル）に取り組みます。

◎SDCAとPDCAの関係

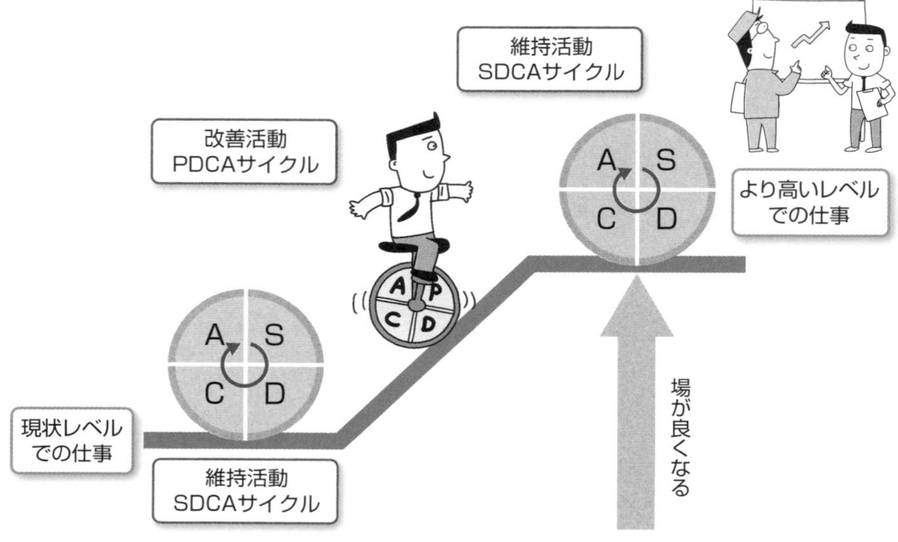

● 自転車に乗れば世界一周も夢でない

一輪車は不安定な乗り物で、乗りこなすにはある程度の技術と練習が必要です。しかし、自転車はいつの間にか乗れるようになる、身近な乗り物です。中には世界一周にチャレンジする人もいます。

一輪車を見ていたら、維持と改善のサイクルに見えてきました。維持活動とは通常業務を行うこと。職場の規程、マニュアルに基づいて業務を遂行し、結果の評価を行い、次の行動へつなげていく活動です。改善とは、問題の原因を突き止めて問題を解消する対策を実行し、評価することです。

そこで、維持と改善という2つの一輪車を、"問題"というペダルと"標準化"というサドルでつなぐと、自転車になります。さらに、管理者がハンドルを持つことにより、実のある活動になり、結果が伴ってきます。

おまけを1つ、自転車に乗れない人がいれば、"教育"という補助輪をつけてみてはどうでしょうか。この補助輪はいずれ外すことができるし、外れたころには、世界一周を目指しているかもしれません。

◎SDCAとPDCAは自転車の車輪

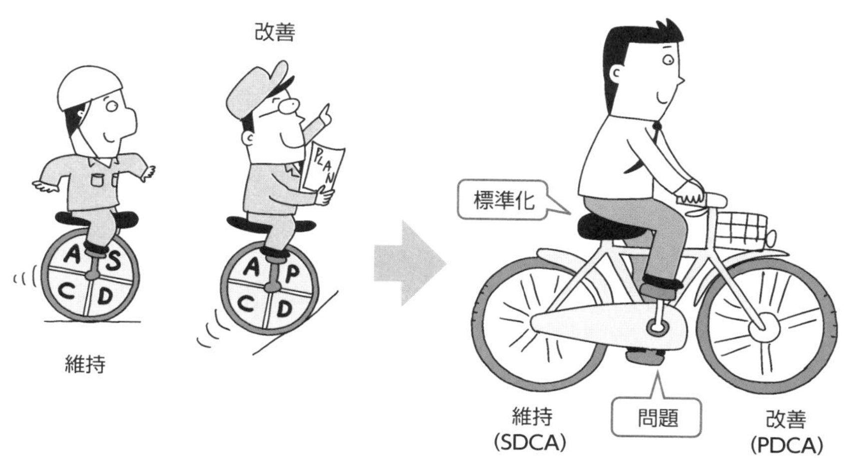

維持活動（SDCAサイクル）
改善活動（PDCAサイクル）
問題、標準化

2-4 管理項目

管理項目とは、目標の達成を管理するために、管理尺度を選定し、目的どおり実施されているかどうかを判断し、処置をするために定めた評価指標です。

管理項目とは、目標の達成を管理するために、評価尺度として選定した項目です。担当する業務について、目的どおり実施されているかどうかを判断し、処置をするために定めた項目（**管理尺度**）です。

管理項目には、結果を確認する項目としての**管理点**（結果系管理項目）、要因を確認するための**点検点**（要因系管理項目）があります。上位の職位は主に管理点を用いて、下位の職位は主に点検点を用いて管理します。

管理項目一覧表とは、管理項目、管理方法、管理水準などを集約したものです。**QC工程図**も管理項目一覧表の一種です。

◎結果系管理項目と要因系管理項目

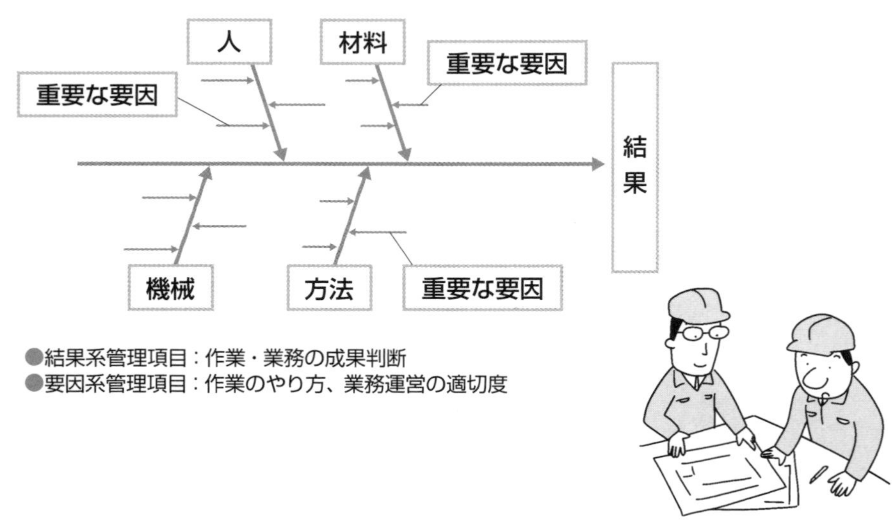

● 仕事の結果を測る管理項目

日常管理をスムーズに行うためには、作業・業務の結果として測定される成果の指標が必要です。例えば不具合件数、不良率、営業成績など、企業としての品質（Q：品質、C：コスト、D：納期、S：安全）に関する管理尺度が結果系管理項目と呼ばれるものであり、管理するべき項目です。

●「ものさし」としての管理尺度

管理尺度とは、業務がその目的どおり実施されているかどうかを判断し、必要なアクションをとるために定めた「ものさし」です。

管理尺度は、関係者の誰もが同じ判断ができるよう、できる限り数値で設定します。

● ものさしで測った場合の目標レベルの管理水準

管理水準とは、管理尺度というものさしで測った場合の目標レベル、あるいは、異常と判断してアクションをとる水準やレベルのことです。

◎仕事のできばえを見る管理尺度

管理尺度

目的のレベル

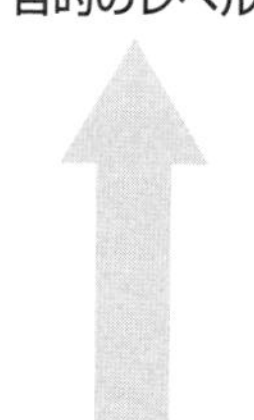

●不良発生・・・不良率
●処理ミス・・・処理遅延件数／月
●災害発生・・・件数／年
●納期確保・・・納期遅延日数　など

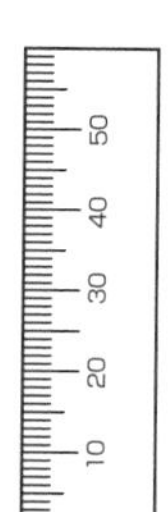

尺度

キーワード

管理項目、管理尺度、管理点、点検点、QC工程図
管理水準

問題
2 管理

次の記述について、正しいものには「○」を、誤っているものには「×」を解答記入欄に記入してください。

(1) PDCAサイクルは、品質管理だけでなくあらゆる分野で共通する仕事の進め方です。これは、計画（Process）し、実施（Do）し、実施結果を確認（Check）し、問題があれば処置をする（Act）の頭文字をとったものです。

---

(2) 維持活動（SDCAサイクル）とは、定められたステップ（S：Step）に基づき作業を実施（D：Do）し、管理尺度、管理水準による確認（C：Check）を行い、不具合が発生したときに処置（A：Act）を行うことです。

---

(3) 問題が発生すればPDCAサイクルを回し、職場を良くします。良くなったやり方を標準化し、SDCAサイクルを回していきます。その結果、職場は良くなります。

---

(4) 管理項目とは、目標の達成を管理するために、評価尺度として選定した項目です。担当する業務について、目的どおり実施されているかどうかを判断し、処置をするために定めた項目です。
管理項目には、結果を確認する項目としての管理点（結果系管理項目）、要因を確認するための原因点（要因系管理項目）があります。

[解答記入欄]

(1)	(2)	(3)	(4)

（問題②の解答➡p.159）

第3章

改善

改善活動とは、現在の技術面や管理面の問題を発見し、
その問題を解決し、現状の水準をさらに高い水準に
向上させていく活動をいいます。

3-1 改善（継続的改善）

改善活動とは、現在の技術面や管理面の問題を発見し、その問題を解決し、現状の水準をさらに高い水準に向上させていく活動をいいます。ここでは、PDCAサイクルを回し、スパイラルアップを図ります。

改善活動とは、現在の技術面や管理面の問題を発見し、その問題を解決し、現状の水準をさらに高い水準に向上させていく活動をいいます。

企業では、この活動を進めるため、職場の管理や改善活動を、職場で働く人たちが自主的に担っていく活動も行われています。この活動は、**QCサークル活動**や小集団活動、あるいは自主管理活動と呼ばれています。

PDCAサイクルを回しながら、仕事の状態をレベルアップし、良い品質の商品やサービスをつくり上げていきます。このことを**スパイラルアップ**と呼んでいます。

◎PDCAを回してスパイラルアップを図る

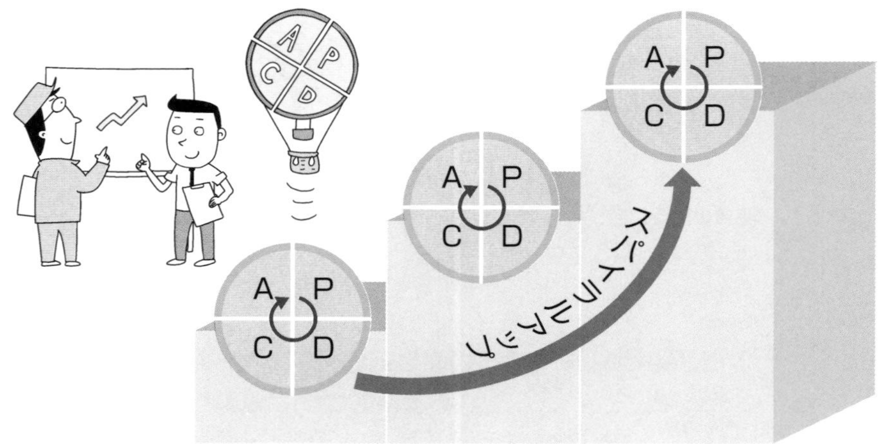

● 同じ品質を維持するための品質管理活動

企業では、品質が一定に保たれるように活動が行われます。例えば宅配ピザは、同じピザ台に、同じ種類で同じ量の具をのせ、同じ味で同じ量のチーズを加え、同じ焼き具合にして、同じ方法でお客様に届けることが基本です。そのために宅配ピザ店では、品質が一定に保たれるよう、材料の仕入れ、商品の生産、商品の検査、配達というそれぞれのプロセスで、品質管理の活動が行われています。

◎品質管理とは同じ仕上がりにするしくみをつくること

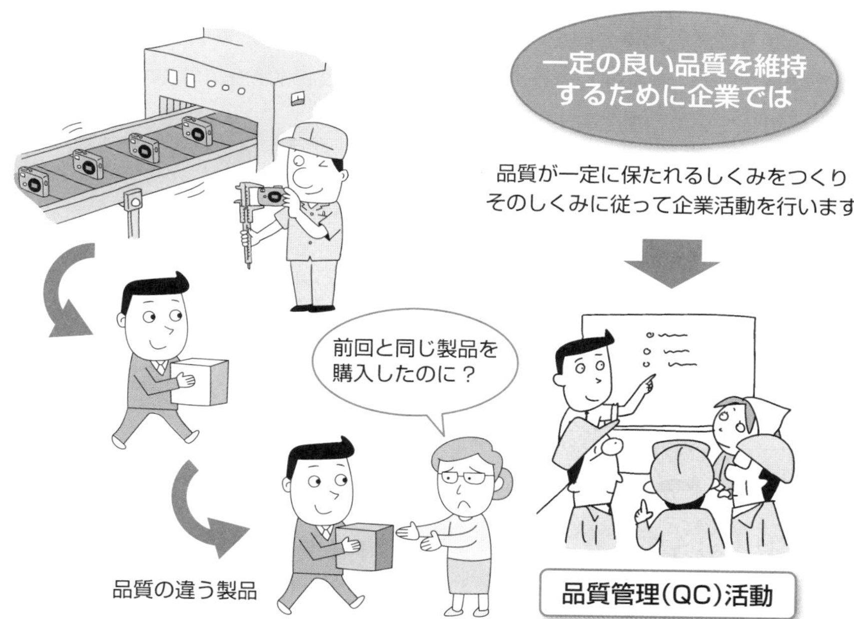

QCサークル活動
スパイラルアップ

3-2 QCストーリー（問題解決型QCストーリー）

QCストーリーとは、発生している問題の再発防止を図るために用意された、システム的なアプローチの方法です。

品質管理は、データに基づく実証的な問題解決という考え方を基本にしています。その考え方を基本に問題を解決していく方法として、**QCストーリー**もしくはQC的問題解決法があります。QCストーリーのステップもいくつかのタイプがありますが、代表的なものは、

❶テーマの選定 ➡ ❷現状の把握 ➡ ❸目標の設定 ➡ ❹要因の解析 ➡ ❺対策の立案 ➡ ❻対策の実施 ➡ ❼効果の確認 ➡ ❽標準化と管理の定着

というステップにより構成されています。

◎QCストーリーの各ステップ

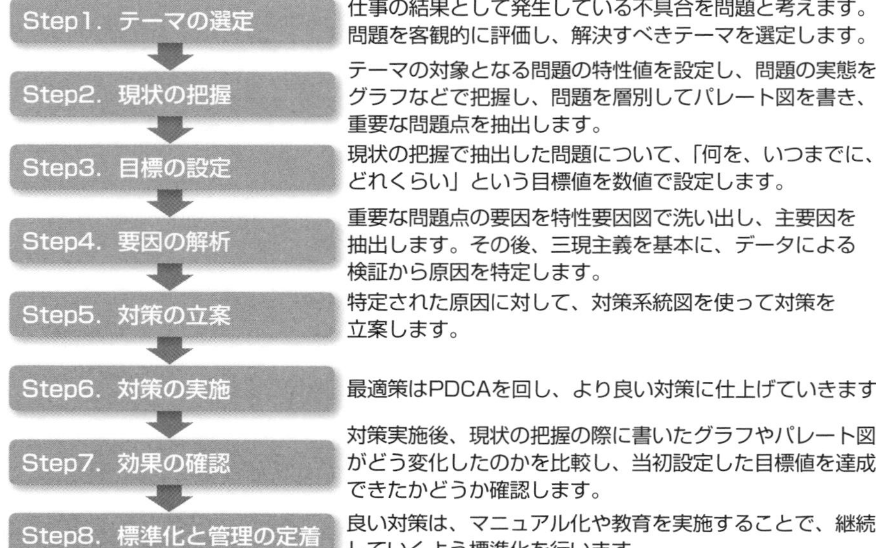

● QCストーリーを活用した事例

スーパーマーケットの惣菜コーナーで売上が伸びない問題を取り上げて、問題解決を図った事例を次に示します。

◎とあるスーパーマーケット食品売り場で

物菜コーナーの主力商品である野菜サラダの売上が伸びない

野菜サラダの売上を向上させるには ← Step1．テーマの選定

Step2．現状の把握

野菜サラダの販売量をチェック

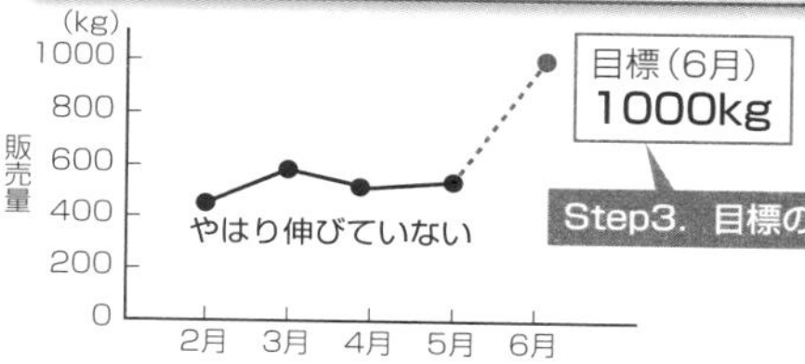

(kg) 販売量 1000 / 800 / 600 / 400 / 200 / 0
2月 3月 4月 5月 6月
やはり伸びていない

目標（6月）1000kg ← Step3．目標の設定

お客様アンケートをもとに売上が伸びない要因を検討した ← Step4．要因の解析

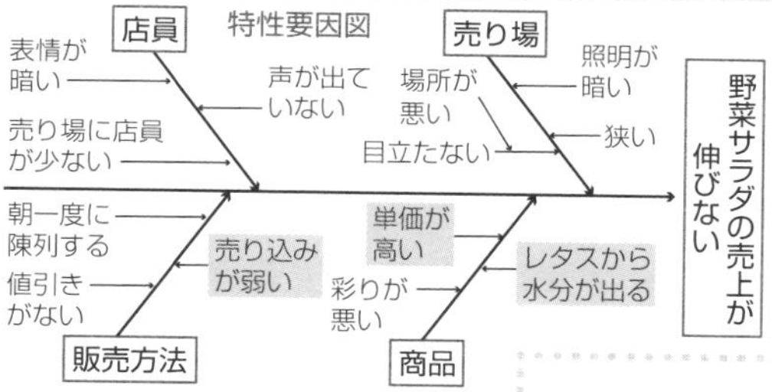

特性要因図

- 店員：表情が暗い／売り場に店員が少ない／声が出ていない
- 売り場：場所が悪い／目立たない／照明が暗い／狭い
- 販売方法：朝一度に陳列する／値引きがない／売り込みが弱い
- 商品：単価が高い／彩りが悪い／レタスから水分が出る
- 特性：野菜サラダの売上が伸びない

●全員の投票で重要要因を抽出

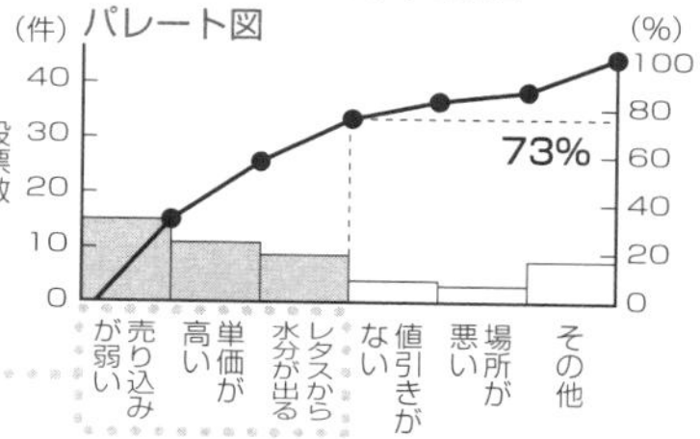

パレート図
(件) 投票数 40 / 30 / 20 / 10 / 0　(%) 100 / 80 / 60 / 40 / 20 / 0
売り込みが弱い／単価が高い／レタスから水分が出る／値引きがない／場所が悪い／その他
73%

Step5．対策の立案

重要要因について対策を検討し実施した

- 売り込みが弱い ➡ 土日に対面販売を実施
- 単価が高い ➡ 単価を110円／100gとした（他店平均112円／100g）
- レタスから水分が出る ➡1日4回に分けて陳列することとした

Step6．対策の実施 三現主義

6月の販売実績 ➡1006kg〈目標達成〉

Step7．効果の確認　Step8．標準化と管理の定着

活動結果を定着させるため以下を実施

- 対面販売マニュアルを作成し展開した
- 10日おきに売上データをとり分析・改善することとした

QCストーリー、テーマの選定、
現状の把握、目標の設定、要因の解析、対策の立案、
対策の実施、効果の確認、標準化と管理の定着

3-3 3エム（ムダ、ムリ、ムラ）

業務上の効率を高めるうえで注目されているのが、ムダ・ムリ・ムラ（3M）という考え方です。

● ムダ

ムダとは、言い換えるなら生産性を悪くする事柄全般のことを指します。業務というものは生産性に直結するものだけでなく、ムダな仕事やムダな動きというものが混入しがちです。ムダな動きとして代表的なものが、作業場所が集約されていないことによる**歩くムダ**、また整理整頓がなされておらず業務の前に道具をそろえるための時間を要する**探すムダ**です。

◎ムダの一例

大損を生む「移動のムダ」

- 作業の際に次のような移動作業が発生します。
  資材や工具を次の工程まで運ぶ。あるいは、取り置きや仮置きをする。また、積んであるものを台車などに積み替える作業も移動作業の１つ。
- デスクワークでも同様に移動作業はつきものです。
- しかし、同じ現場や事務所内で運搬しても、そこからは何の付加価値も生まれません。
- さらに、積み替えるなどの移動作業では災害の危険性も増えてきます。

また、作業基準が不明瞭で業務上迷うことが多く、その都度手が止まってしまう**迷うムダ**、不必要な書類の記入が多く、事務上の手続きに追われて生産性が落ちてしまう**記入するムダ**などが挙げられます。

● ムリ

ムリは、能力以上の使い方をしてかえって作業効率を落としてしまうことです。要するに、負担をかけすぎて本来のパフォーマンスが発揮されない状態のことを指します。それは人に対しても当てはまりますし、機械に対しても当てはまります。また、生産計画の目標が実情と合っていないために生じる計画上のムリという場合にも当てはまるでしょう。

● ムラ

ムラとは、仕事の品質が一定ではないという状態のことです。仕事の配分が偏っていたり、生産数量が一定に保たれずにその場しのぎの生産になっていたりすることが挙げられます。こういった作業場ムラが生じると、品質も生産性も安定しない状態になってしまいます。

◎3Mとは

不要な業務をやめてみるという発想から

事務系の業務でムダをなくすとは、従来の業務では必要だったものの、仕事のしくみを変えたことによって不要となっている業務を見つけ出して「やめる」ことです。

「領収書の発行をやめた」という例があります。支払い業務のほとんどが銀行振込になっている現在でも、月末には領収書を発行して送付していました。

取引先に問い合わせたところ、「特に必要ない」とのことなのでやめました。おかげで領収書作成業務の手間が大幅に減って、郵送費や用紙代のコスト削減にもつながりました。

ムダ：歩くムダ、探すムダ、迷うムダ、記入するムダ
ムリ：計画上のムリ
ムラ：作業場ムラ

3M（ムダ・ムリ・ムラ）

3-4 小集団改善活動（QCサークルを含む）とは

職場で働く人々が、仕事などの質の改善を行う小グループを小集団（QCサークル）といい、このグループが活動を進めていくことを小集団改善活動（単に小集団活動とも）またはQCサークル活動といいます。

小集団（QCサークル）とは、第一線の職場で働く人々が、継続的に製品やサービス、仕事などの質の改善を行う小グループのことをいいます。小集団（QCサークル）は、運営を自主的に行い、QC的考え方やQC手法などを活用し、創造性を発揮し、自己啓発・相互啓発を図りながら、活動を進めていきます。この活動が小集団活動（QCサークル活動）です。

活動を行うことにとって、職場の問題を解決することができると共に、技術の伝承が行われます。また、活動をチームで行うと、**チームワーク**や**リーダーシップ**が養われます。プレゼンテーション力も身につきます。

◎小集団活動（QCサークル活動）とは

管理・改善活動の自主的な取り組み

職場での改善を行う活動組織として
“QCサークル（小集団）”の取り組みがあります。

●QCサークルって……？
QCサークルとは、職場で働く人々がグループをつくり、そのグループを自主的に運営し、やさしい道具（QC手法など）を使って、職場の管理や改善活動を行っていく組織です。

● 小集団活動（QCサークル活動）の進め方

小集団活動（QCサークル活動）を進めるステップは、次のとおりです。

Step1：職場のメンバーで小集団（QCサークル）を編成します。メンバーは、一般的に4～6名が最適です。

Step2：職場の問題を探し、テーマを選んで活動計画を作ります。職場の身近な問題をテーマに取り上げます。

Step3：小集団会合（QCサークル会合）を通じて、改善活動を実施します。小集団（QCサークル）会合は、原則として、毎月2回程度開催します。時間は1回2時間程度です。

Step4：活動をチェックします。その結果、良い成果は標準化し、残された課題は次の活動計画に反映します。

以上の活動の結果を報文集にまとめ、職場のQCサークル活動発表会などで発表します。

◎小集団活用の進め方

小集団（QCサークル）、チームワーク、リーダーシップ
小集団会合（QCサークル会合）

3-5 重点指向とは

重点指向とは、改善効果の大きい重点問題に着目し、これを攻撃するという考え方です。

重点指向とは、いろいろある管理・改善項目のうち、特に重要と思われる事項に焦点を絞って取り組んでいくことをいいます。この重点指向の考え方は、限られた能力、人員、資金などを、これだと思われるところへ集中的に投入して活用し、効率よく大きな効果を上げることをねらったものです。

◎「あれもこれも」より「これをやろう」

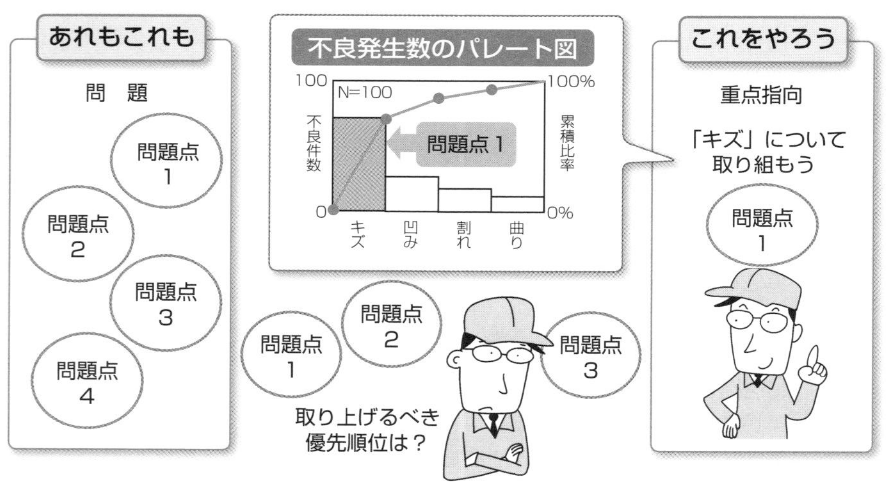

● 重点指向に欠かせないパレート図

すべての項目について手を打つよりは、重点項目だけに対策・処置を行うほうが効率的です。そのため、取り上げた問題を現象別や原因別に**層別**し、ウエイトの大きな項目から順に棒グラフを書き、累積比率折れ線グラフを書いてみます。これが**パレート図**です。

このパレート図から、問題点はすべて同じレベルでなく、1つか2つの項目で原因の多くを占めているケースが多いということがわかります。例えば、ある職場で「最近書類のミスが目立って増えてきたなあ」という声から、書類の不備件数を減らすことにしました。そこで、書類の不備件数を項目別に調べ、結果、「日付」の不備による書類のミスが全体の半分を占めていることがわかりました。

この「日付」の不備に重点指向して取り組めば、書類の不備件数の半分をなくすことが可能になります。

重点指向

C子：課長、○○の問題点を重点指向で考えてみたのですが、見てもらえますか？

課長：このパレート図はよくないな。「その他」が全体の３割ぐらいある。項目を見直したほうがいい。系統図も寂しいな。１手段に具体的手段が１つか。無理にでも２つ以上考えなさい。

C子：はい。

課長：悩んでいるうちに何かアイデアが浮かぶものだ。このヒストグラムは事象別に層別してみたらどうだろう。隠れている事実が見えてくるかもしれない。

C子：ありがとうございます。早速やり直します。

課長：重点指向は、結果への影響度が大きい問題から優先的に取り組んでいくことが基本だからな。

職場を良くするために常に改善を続けることにします

重点指向、層別、パレート図

問題
3 改善

次の文章において、[　　] 内に入る最も適切ものを下欄の語群から1つ選び、その記号を解答記入欄に記入してください。ただし、各選択肢を複数回用いることはありません。

(1) 改善活動とは、現在の技術面や管理面の問題を発見し、その問題を解決し、現状の水準をさらに高い水準に向上させていく活動をいいます。ここでは、PDCAサイクルを回し、[1] を図ります。

---

(2) QCストーリーのステップもいくつかのタイプがありますが、代表的なものは、テーマの選定 ➡ [2] ➡ 目標の設定 ➡ [3] ➡ 対策の立案 ➡ 対策の実施 ➡ 効果の確認 ➡ 標準化と管理の定着というステップにより構成されています。

---

(3) 業務上の効率を高めるうえで注目されているのが、ムダ・ムリ・ムラです。[4] という考え方です。

---

(4) 小集団活動（QCサークル活動）を進めるステップは、次のとおりです。

Step1：職場のメンバーで小集団（QCサークル）を編成します。メンバーは、一般的に4~6名が最適です。

Step2：職場の問題を探し、テーマを選んで活動計画を作ります。職場の身近な問題をテーマに取り上げます。

Step3：[5] を通じて、改善活動を実施します。この会合は、原則として、毎月2回程度開催します。時間は1回2時間程度です。

Step4：活動をチェックします。その結果、良い成果は標準化し、残された課題は次の活動計画に反映します。

---

(5) [6] とは、いろいろある管理・改善項目のうち、特に重要と思われる事項に焦点を絞って取り組んでいくことをいいます。この重点指向の考え方は、限られた能力、人員、資金などを、これだと思われるところへ集中的に投入して活用し、効率よく大きな効果を上げることをねらったものです。
すべての項目について手を打つよりは、重点項目だけに対策・処置を行うほうが効率的です。そのため、取り上げた問題を現象別や原因別に層別し、ウエイトの大きな項目から順に棒グラフを書き、累積比率折れ線グラフを書いてみます。これが [7] です。

[選択肢]

ア．パレート図　イ．現状の把握　ウ．重要課題　エ．状況把握
オ．要因の解析　カ．スパイラルアップ　キ．3M　ク．QCサークル会合
ケ．QC集会　コ．重点指向

[解答記入欄]

1	2	3	4	5	6	7

(問題③の解答➡p.160)

MEMO

第 4 章

工程

仕事は、いろいろな工程によって成り立っています。
そのような工程を総合した仕事の流れがあります。

4-1 前工程と後工程

自分の仕事をする工程を自工程といいます。自分たちが引き継ぐ前工程からインプットし、自工程で加工して、後工程へ渡していきます。

製品やサービスは1つの工程で完成するものではありません。企業内のたくさんの部署がそれぞれ仕事を行い、その仕事が次々と円滑に引き継がれて最終的にお客様に至るわけで、その工程のつながり（インターフェース）は重要です。特に**自工程**（自分が受け持つ工程）に直接つながっている前の工程を**前工程**、後の工程を**後工程**といいます。品質管理活動では「**後工程はお客様**」という考え方があり、自工程は後工程に迷惑をかけない仕事をすることが基本です。また、それぞれの工程が品質の良い仕事をしっかり行うことも非常に重要なことで、「品質は工程でつくりこむ」という考え方も品質管理活動の基本となっています。

◎前工程 ➡ 自工程 ➡ 後工程

● 仕事を引き渡していく後工程はお客様

企業の中では、前工程から引き継いだ仕事について自工程で作業を行い、後工程に引き渡していきます。ここで、後工程はお客様と考えて、良い品質の仕事を引き渡していくことで、最終的にお客様に良い品質の商品やサービスを提供していくことになります。この考え方を「後工程はお客様」といいます。

直接お客様に接していない管理部門などの人たちにも、自分の行った仕事を受け取ってくれる人たちがいるはずです。自分の後工程はどんな部門の人たちなのか、を考えていくことが大切です。

「後工程はお客様」を進めていくうえで、次のようなポイントを実行します。

Point1：後工程（受け手）の立場に立って考え、行動すること
Point2：自工程（自分の仕事）の役割をよく知ること
Point3：前工程と後工程の風通しを良くすること

◎後工程はお客様

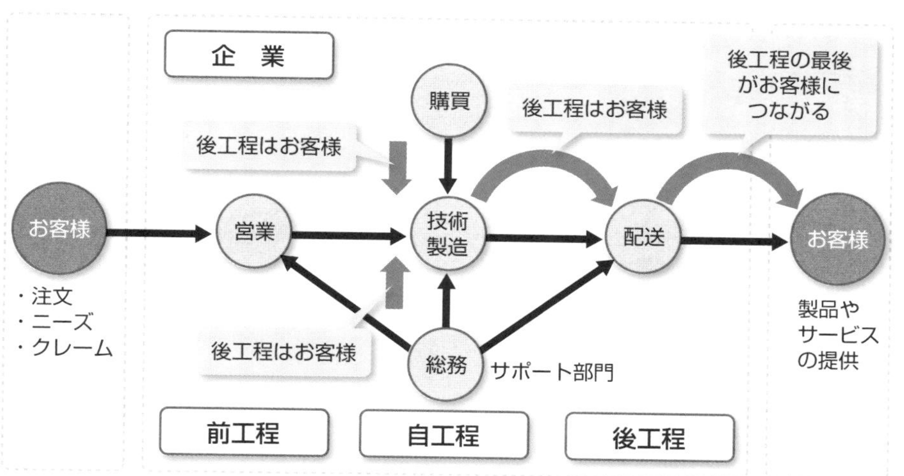

自工程、前工程、後工程
後工程はお客様

4-2 工程の4M

仕事の結果を生み出している工程（プロセス）においては、4M（Man：人、Machine：機械、Material：材料、Method：方法）が品質の良し悪しを左右する基本要素です。

● 工程とは

私たちがつくる製品の多くは、いくつもの加工段階を経て製品になりますが、これらの段階を品質管理では**工程（プロセス）**といいます。品質の良い加工製品をつくるためには、加工工程がしっかり機能（働く）することは当然ですが、加工工程の前の工程となる、製品化するための企画および設計、そして原材料の確保や加工に必要な生産設備の整備、さらに加工工程のあとの工程となる製品の検査、お客様に対する適切なサービスの提供など、広くとらえればこれらのすべてが、品質の良い製品づくりのための1つの工程（プロセス）といえます。これらすべての工程がしっかり結び付き、機能することが、品質の良い製品やサービスを実現するために重要です。

◎工程とは

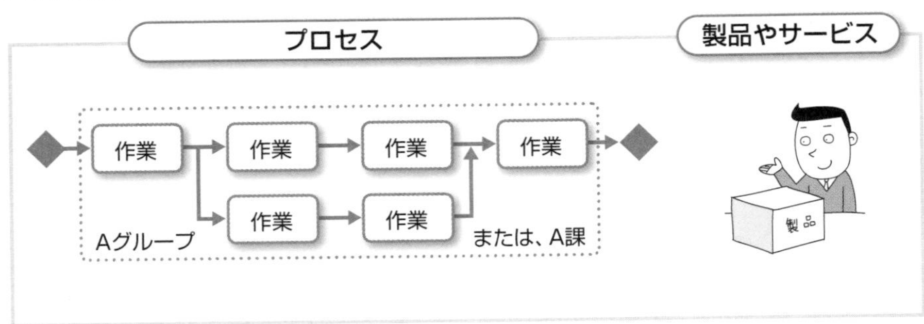

● 4Mの管理

加工工程では、品質の良い製品をつくり出すために管理活動を行います。この加工工程で品質の良し悪しを左右する基本要素は、人（Man）、機械（Machine、設備も含む）、原材料（Material）、作業方法（Method）の4つに集約されるといわれます。この4つの頭文字の「M」をとって4Mといい、この4つのMを管理することを4Mの管理といいます。工程の管理は、この4Mを確実に管理していくことが基本です。

◎4Mとは

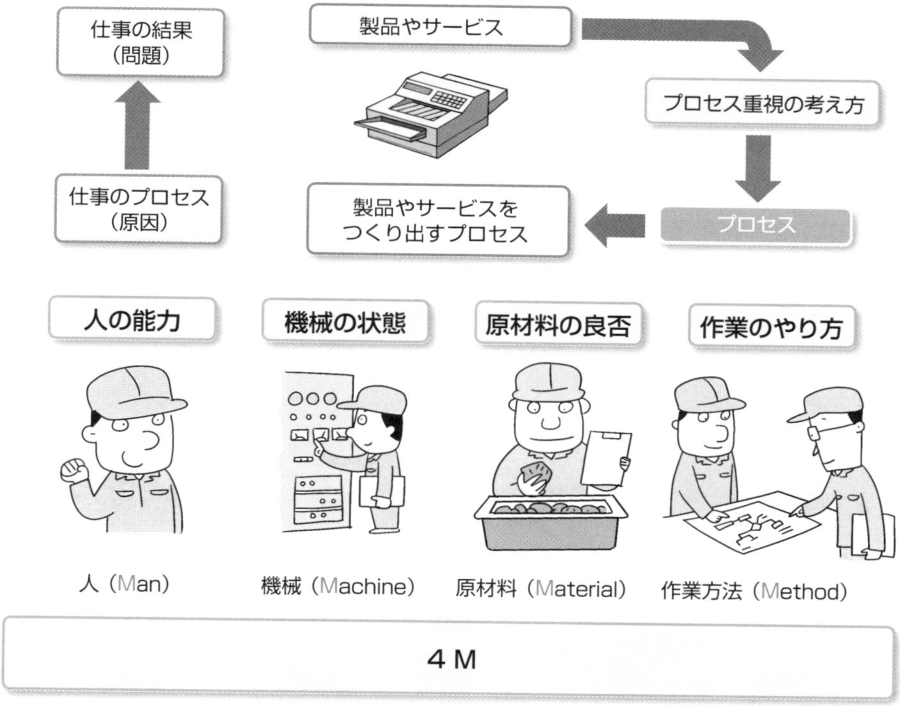

工程（プロセス）
人（Man）、機械（Machine）、原材料（Material）、作業方法（Method）
4M

4-3 異常とは（偶然原因、異常原因）

「偶然原因によるばらつき」は、自然にばらつくものであり、このばらつきを認識して仕事のやり方を決めます。「異常原因によるばらつき」は、異常原因を突き止めて仕事のやり方を変える必要があります。

● 偶然原因によるばらつきと異常原因によるばらつき

私たちは、まったく同じものをつくり続けることは不可能です。それは、人、設備・機械、原材料、作業方法などにおいて、変動要因（原因）をゼロにすることができないからです。大小はありますが、その変動要因がばらつくことが、結果として製品のばらつき（不ぞろい）となって現れてくることになります。そのばらつきは、偶然原因によるばらつきと異常原因によるばらつきの2つに大別されます。

◎偶然原因によるばらつきと異常原因によるばらつき

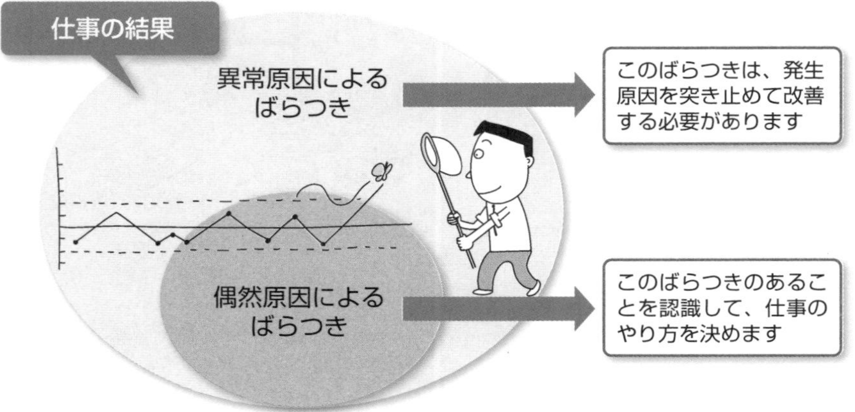

●異常原因によるばらつきとは

異常原因によるばらつきは、工程にいつもと違う何らかの事象（異常）が起こったことによるばらつきと考えられます。例えば、作業者が作業標準を守らず作業をしてしまった、材料が変わった、機械の性能が低下したなどの事態が推測されます。その**異常の発生原因**は、系統的なもの、散発的なもの、慢性的なものの3つに大別されます。

管理図などで異常が検出されたら直ちに状況を調査し、その異常原因を取り除くと共に、それを引き起こした根本原因を調査し、また同じ異常が起こらないように手を打つことが必要です。

◎異常値にはなぜ？　なぜ？　を繰り返して原因を追求

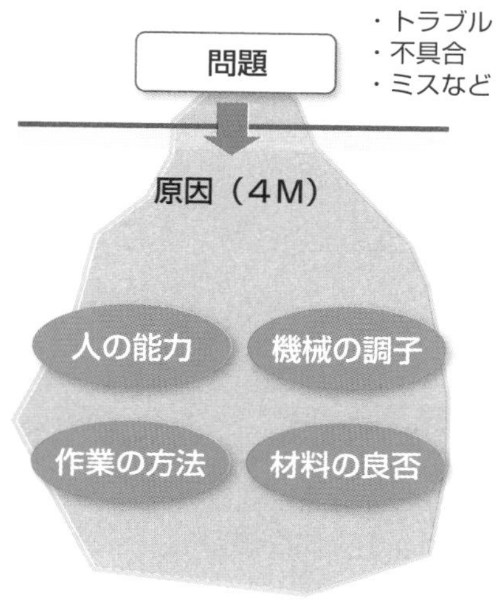

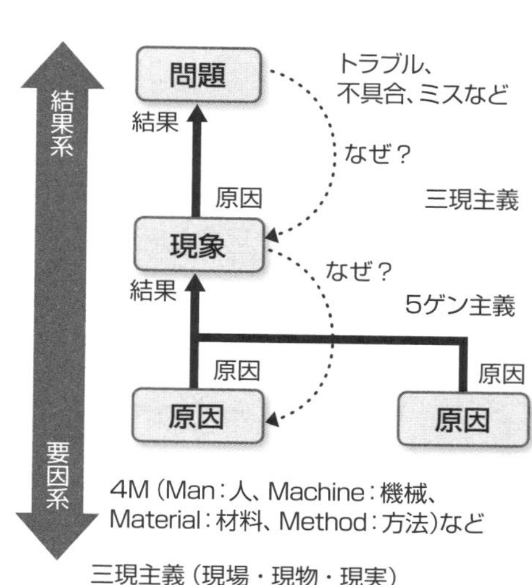

偶然原因によるばらつき、異常原因によるばらつき
異常の発生原因

問題
4 工程

次の記述について、正しいものには「○」を、誤っているものには「×」を解答記入欄に記入してください。

(1) 自分の仕事をする工程を主工程といいます。自分たちが引き継ぐ前工程からインプットし、主工程で加工して、後工程へ渡していきます。
特に後工程をお客様と考えて、良い品質の仕事を引き渡していくことで、最終的にお客様に良い品質の商品やサービスを提供していくことになります。

(2) 仕事の結果を生み出している工程（プロセス）においては、4M（Man：人、Machine：機械、Material：材料、Method：方法）が品質の良し悪しを左右する基本要素です。

(3) ばらつきには、偶然原因によるばらつきと異常原因によるばらつきがあります。異常原因によるばらつきは仕方がないにしても、偶然原因によるばらつきはその原因を突き止めて、改善しなければなりません。

[解答記入欄]

(1)	(2)	(3)

(問題④の解答➡p.160)

第5章

検査

製品やサービスそのものをチェックして、
不適切な物や工程を取り除くことも大切です。
この活動を“検査”といいます。

5-1 検査とは（計測との違い）

検査とは、提供しようとする製品やサービスがお客様の要求に合致しているか否かを判定することです。

検査とは、提供しようとする製品やサービスがお客様の要求に合致しているか否かを判定することです。

お客様に品質の良い製品やサービスを提供するためには、工程をしっかり管理することは当然ですが、製品やサービスそのものをチェックして、不適切な物やサービス内容を取り除くことも大切です。この活動を“検査”といいます。検査では製品やサービスについて、測定や試験を行い、製品やサービスが適切であるか、また規格などの条件を満たしているかを判定します。

計測管理とは、計測の目的と対象、実施すべき計測の種類、計測機器、機器の要求精度などを明確にし、計測作業を定めることです。

◎検査とは

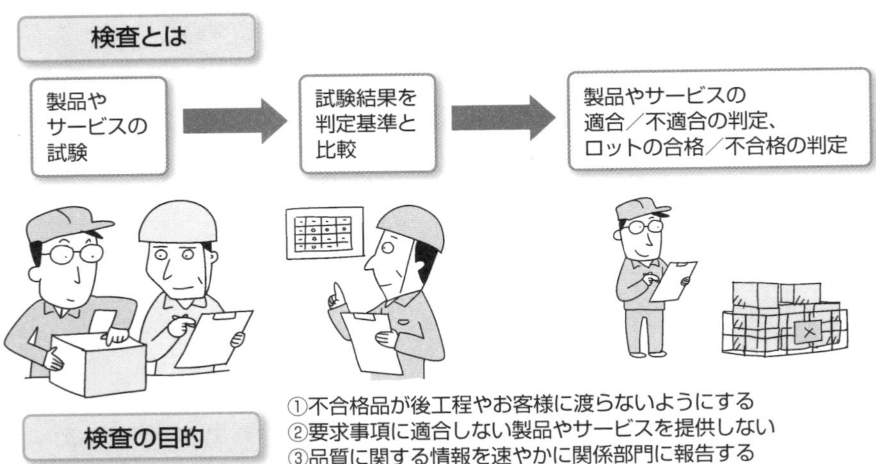

● 計測とは

計測とは、「ある量を、基準として用いる量と比較し、数値または符号を用いて表すこと」(JIS Z8103：2000) です。長さや重さなどの物理量の測定では、単位の大きさを定めてこれを1とし、測定量が単位の何倍であるかを求め、その比で測定量の値を求めます。

計測の方法には、直接計測と間接計測があります。直接計測とは、スケールやマイクロメータなどの計測器により、計測したいものの長さや重量を直接に計測する方法です。間接計測とは、計測しようとするものが直接測れない場合、他の方法で計測し、理論から求める方法です。

◎計測とは

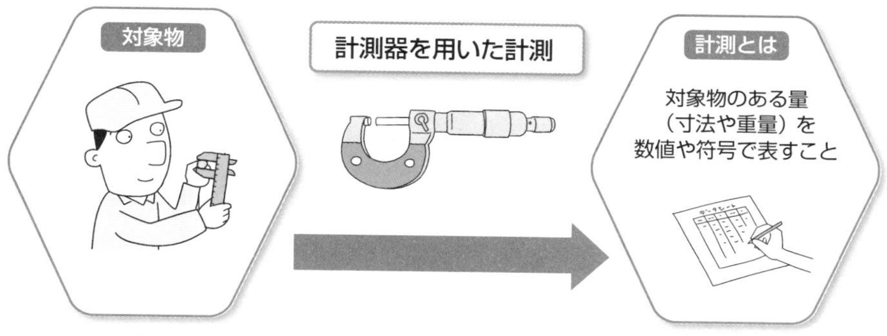

●直接計測とは、スケールやマイクロメータなどの計測器により、計測したいものの長さや重量を直接に計測する方法

●間接計測とは、計測しようとするものが直接測れない場合、他の方法で計測し、理論から求める方法

検査、計測

5-2 適合(品)、不適合(品)(不良、不具合)

規格など定められた要求事項を満たしているものを“適合”、満たしていないものを“不適合”といいます。

● 適合・不適合とは

適合とは、検査を行った結果、基準や規格を満足している（規格内）現象をいいます。特に品物を指す場合は“適合品”といいます。

不適合とは、検査を行った結果、基準や規格から外れている（規格外）現象をいいます。特に品物を指す場合は“不適合品”といいます。

◎適合とは

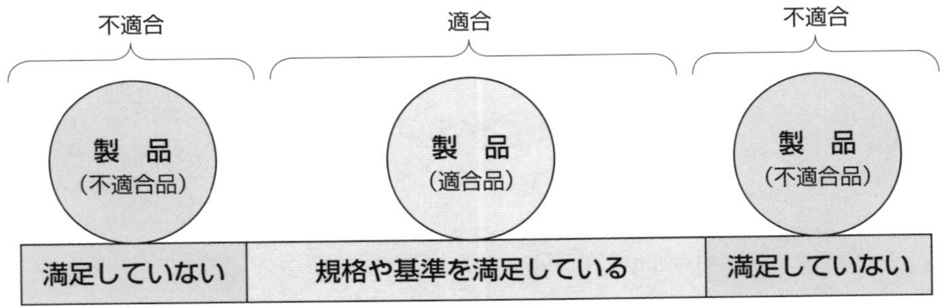

● フールプルーフ（ポカヨケ）とは

人は誰でもミスを犯します。この、人によるミスは教育や訓練、そして緊張状態をつくることで、ある程度までは防げるものの限界があります。人によるミスを防ぐために、機械設備や作業工程内に問題が発生しないように対策を行います。このミス防止策がフールプルーフ（ポカヨケと呼んでいる企業も多い）です。このポカヨケは次のような視点から設置されます。

・ミスが発生しないように ➡ ミスが発生しないように機械や装置に処置を行う。
・ミスの発生が継続しないように ➡ 発生した場合に警報を出したり、機械装置を停止したりする処置を行う。
・ミスの発生した物が流れないように ➡ ミスの発生した物が後工程に流れないような処置を行う。

適合 / 不適合

C子：「適合」って何ですか？
Q男：適合とは、検査を行った結果、基準や規格を満足していることだよ。
C子：言い換えれば、製品が規格内に入っているということでしょうか。
課長：製品を指す場合は「適合品」というんだよ。
C子：逆に、検査を行った結果、基準や規格から外れている場合は、「不適合」というんですね。その製品は「不適合品」ですね。
課長：不適合品を出さないように頑張ってくれよ。

規格など定められた要求事項を満たしているものを適合といいます

適合、基準、適合品、不適合、不適合品
フールプルーフ、ポカヨケ

5-3 ロットの合格、不合格

ロットの合格・不合格の判定にあたっては、ロットからサンプルをとって、検査して適合 / 不適合を判定します。その結果からロットの合否を判定します。

検査とは、提供しようとする製品やサービスがお客様の要求に合致しているか否かを判定することです。具体的には、❶個々の製品やサービスに対して検査を実施し、適合/不適合を判定します。❷ロットに対して検査を実施し、合格/不合格を判定します。

検査の目的は、❶不合格品が後工程やお客様に渡らないように品質保証をすること、❷要求事項に適合しない製品やサービスを提供しないように予防すること、❸品質に関する情報を速やかに関係部門に報告することです。

◎ロットの検査

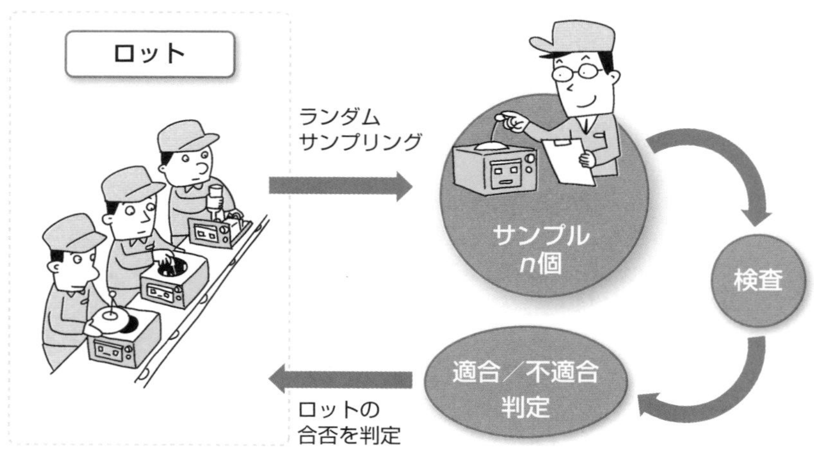

● 工程の状態を判断する抜取検査

抜取検査とは、ロットから定められた抜取検査方式に従ってサンプルを抜き取り、試験を行い、その結果をロット判定基準と比較して、その**ロットの合格・不合格**を判定することをいいます。

抜取検査は、検査の手間が少なくて済むという利点がある一方、一部のみのサンプル試験であるため、合格・不合格の判定に誤りが生じるという欠点もあります。

抜取検査には、2種類の方法があります。1つは**計数値抜取検査**です。サンプルを適合品と不適合品に分け、不適合品の数を数え、あらかじめ定められた合格判定個数と比較して、そのロットの合格、不合格の判定を下します。もう1つは、**計量値抜取検査**です。サンプルを試験し、得られた計量値のデータから平均値や標準偏差を計算して、あらかじめ定められた合格判定値と比較してそのロットの合格、不合格の判定を下します。

◎計数値抜取検査と計量値抜取検査の比較

抜取検査方式	判定方法	メリット	デメリット
計数値抜取検査	不適合品の数	簡単	不適合の程度は不明
計量値抜取検査	平均値や標準偏差	不適合の程度がわかる	手間・コストがかかる

ロットの合格・不合格
計数値抜取検査、計量値抜取検査

5-4 検査の種類

検査を行う段階で分類すると、「受入検査」「工程間検査」「最終検査」「出荷検査」に分けられます。

検査を行う段階で分類すると、「受入検査」「工程間検査」「最終検査」「出荷検査」に分けられます。

受入検査とは、原材料や半製品の受け入れの判定をする検査、**工程間検査**とは、工場内で半製品を後工程に移動してよいかどうかを判定する検査、**最終検査**とは、完成した製品が要求事項を満たしているかどうかを判定する検査、**出荷検査**とは、出荷直前に行う品質の確認のための検査です。

◎**検査の種類**

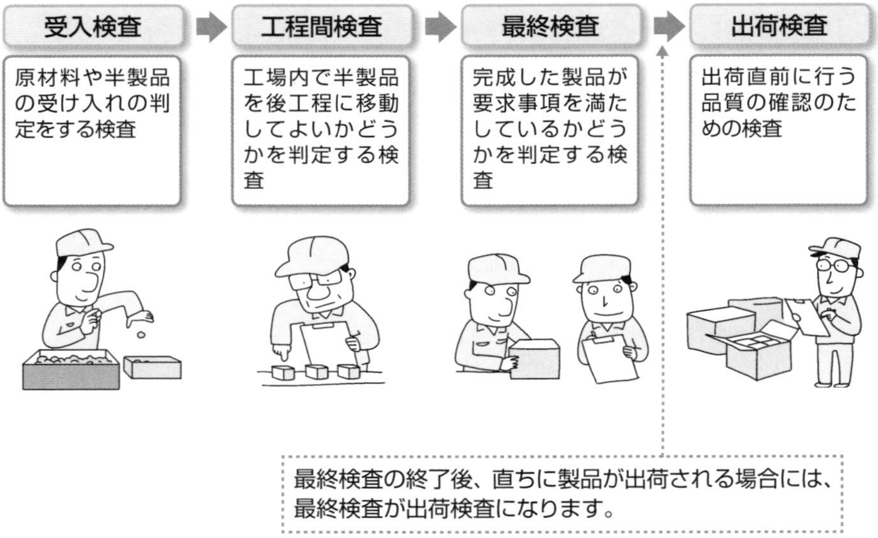

受入検査	→	工程間検査	→	最終検査	→	出荷検査
原材料や半製品の受け入れの判定をする検査		工場内で半製品を後工程に移動してよいかどうかを判定する検査		完成した製品が要求事項を満たしているかどうかを判定する検査		出荷直前に行う品質の確認のための検査

最終検査の終了後、直ちに製品が出荷される場合には、最終検査が出荷検査になります。

その他の検査（感性検査）

人間が抱くイメージやフィーリングなどの感性によって評価される部分を**感性品質**といいます。パソコンでいえば「手触りが良い」「デザインが良い」などの言葉で表現される品質です。

人間の感覚（五感）を測定センサーとして評価するものを**感性検査**（官能評価）といいます。市場調査、設計、開発などの段階で、食品のおいしさ、製品のデザインの美しさなど、人のとらえ方、受け取り方、嗜好（しこう）を評価する場合に用います。このような検査を行う際は、感覚の質、嗜好度などの評価尺度を、事前に用意して測定する必要があります。

検査の種類

課長：「検査」には、適合／不適合以外にもいろいろな検査があるよ。
Q男：それって何ですか？
課長：例えば、ワインの良し悪しはアルコール度数といったことも大切だけど、「味わい」とか「色」も大切な評価なんだ。
C子：そうそう。
課長：それは「感性検査」といって、「色合い」「味わい」「雰囲気」などを５点法などで評価するんだよ。
C子：課長、ワインのおいしいお店を見つけました。
課長：よしこれから“検査”しに行ってみようか。

感性検査とは、人間の五感などで製品やサービスを評価することです

受入検査、工程間検査、最終検査、出荷検査
感性検査

問題 5

検査

次の文章において、[　　]内に入る最も適切なものを下欄の語群から1つ選び、その記号を解答記入欄に記入してください。ただし、各選択肢を複数回用いることはありません。

(1) 提供しようとする製品やサービスがお客様の要求に合致しているか否かを判定することを[1]といいます。

---

(2) 上記 (1) を行った結果、[2]や規格を満足している現象を[3]といいます。そこで扱われる物を指す場合は[4]といいます。
上記 (1) を行った結果、[2]や規格から外れている現象を[5]といいます。そこで扱われる物を指す場合は[6]といいます。

---

(3) ロットからサンプルをとって、検査して適合/不適合を判定します。その結果から[7]を判定します。

---

(4) 検査のうち、原材料や半製品の受け入れの判定をする検査を、[8]といいます。工場内で半製品を後工程に移動してよいかどうかを判定する検査を[9]といいます。
ほかに、最終検査や出荷検査があります。「最終検査」とは、完成した製品が要求事項を満たしているかどうかを判定する検査、「出荷検査」とは、出荷直前に行う品質の確認のための検査です。

[選択肢]

ア. 基準	イ. 不適合品	ウ. 規定	エ. 適合	オ. ロットの合否
カ. 受入検査	キ. 良品	ク. 不適合	ケ. 不良品	コ. サンプルの合否
サ. 工程間検査	シ. 官能検査	ス. 適合品	セ. 検査	

[解答記入欄]

1	2	3	4	5	6	7	8

9

(問題⑤の解答➡p.160)

MEMO

第6章

標準・標準化

標準は、お客様の要望事項や法基準の順守が目的です。
もののつくり方や仕事のやり方について標準を定め、
これを活用していくことが標準化です。

6-1 標準化とは

標準化とは、存在する問題または起こる可能性のある問題に関して、与えられた状況において最適な程度の秩序を得ることを目的として、共通に、かつ繰り返して使用するための約束事を確立する活動です。

● 標準とは

職場には、課せられた業務を遂行するために複数の人（従業員）が集まります。しかし、その課せられた業務を処理する方法が明示されていなければ、各自が勝手な考えで動き出してしまいます。当然、課せられた業務は遂行できない、あるいは遂行できたとしても非効率になってしまいます。課せられた業務を効率よく遂行するためには、統一された方法・約束事（ルール）が必要です。ある原則に従って決められた約束事が**標準**です。

◎標準とは

標準

**多くの人たちが働く企業では取り決め（約束事）が必要であり、
この取り決めが標準です。**

Q. **社内の標準って……？**
A. 企業内の標準は、“物”に関するものと、“事柄（概念・手段・行為）”に関するものの2つに大きく分けられます。

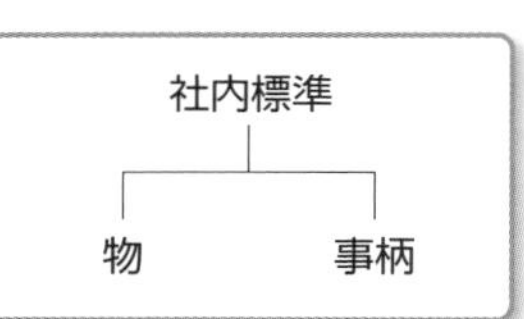

Q. **物に関する標準って……？**
A. 製品の“規格”などです。

Q. **事柄に関する標準って……？**
A. 各作業に関する“作業手順”などです。

● 標準化とは

製品やサービスには、お客様の要望事項や法基準の順守を目的に、標準や規格があります。これらを満足するやり方や基準を決めることが標準化です。

標準化の意義には、❶形状、大きさを同一にする、❷製品の品質を一定に保つ、❸情報をわかりやすい絵にする、❹特定のラベルをつける、❺商品に目印をつける、などがあります。

標準化の考え方は、お客様と企業間の対立や企業どうしの対立をなくすために、利害関係者のすべてができる限り合意できるような努力をしていくということです。

◎標準化って、例えば

①形状、大きさを同一にする	お客様がどの会社の製品でも同じように使用できる。	例えば、蛍光灯、乾電池
②製品の品質を一定に保つ	お客様が安心して購入できる。	例えば、ノート、ティッシュ
③情報をわかりやすい絵にする	言葉の壁を取り払うことができる。	例えば、非常口マーク
④特定のラベルをつける	製品の機能が一目でわかる。	例えば、省エネラベル
⑤商品に目印をつける	その商品の内容や向きがどのような環境でもわかりやすくなる。	例えば、牛乳パック

標準、標準化

6-2 業務に関する標準、品物に関する標準（規格）

関係する人々の間で利益または利便が公正に得られるように、統一・単純化を図る目的で、物体・性能・能力・配置・状態・動作・手順・方法・手続きなどについて定めた取り決めが規格です。

製造作業について、材料・部品を加工して、製品規格で定められた品質の製品を効率的に製造するため、製造の設備、加工条件、作業方法、使用材料などを定めた製造作業の標準の総称です。作業の標準化により、品質の安定、仕損の防止、能率の向上、作業の安全化を図ることができると定めています。

社内標準には、❶社内標準、❷作業標準・作業マニュアル、❸社内規格、❹社内規定、❺QC工程図などがあります。

社内標準・社内規定は、常に組織の実情に合った内容とするため、その標準や規格に関係する要素が変更された場合には、必ず見直しを行う必要があります。

◎社内標準

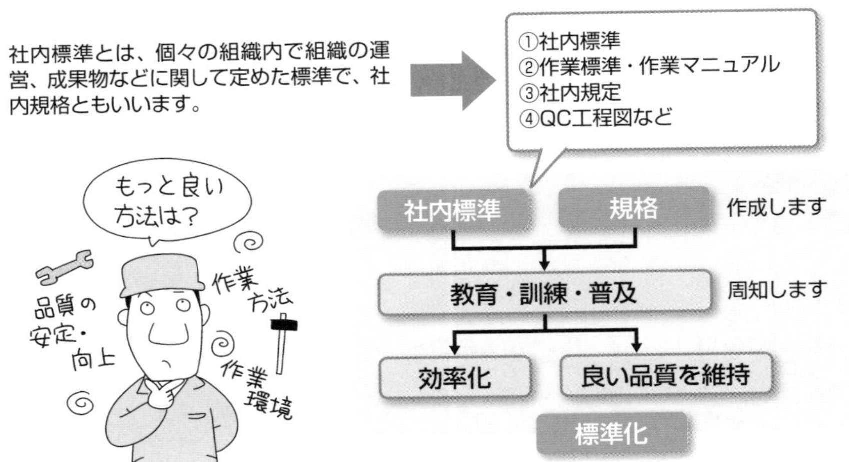

みんなが守れる社内標準

社内標準は、誰にでもわかりやすく見やすい標準マニュアルの形で提供されなければなりません。

そのため、次のような要件を満たす必要があります。

・実行可能な内容であり、関係者が決められた内容を技術的、業務的に実行できること。
・使用する人々を含めて関係者の合意がなされていること。
・内容の解説や使用方法を、教育などを通じて関係者に周知できていること。
・他の社内標準と整合性がとれており、矛盾がないこと。
・文章、図、表、写真などによって、初心者にもわかりやすく表示されていること。
・仕事を進めていくうえで、異常が発生したときの対処方法が明記されていること。

◎みんなが守れる標準にするには

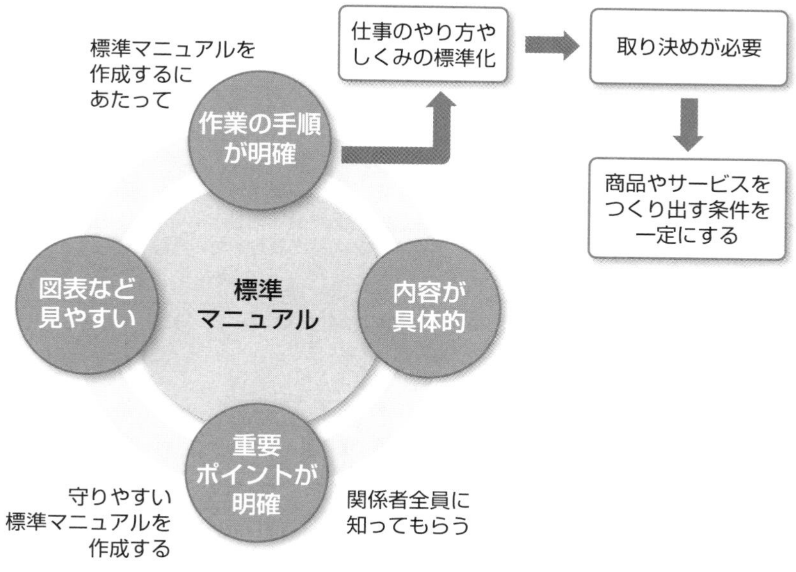

社内標準、標準マニュアル

6-3 いろいろな標準化（国際、国家）

作業規格、国際規格（ISO：国際標準化機構など）、国家規格（JIS：日本産業規格など）、団体規格といった規格が定められています。

日本産業規格（JIS）は、産業標準化法に基づいて制定される日本の国家規格です。JISは食品・農林分野を除く工業製品の開発、生産、流通、使用を対象に制定されており、A4判の冊子の形で発行され、その総数は現在約9,000件にのぼります。

国際規格とは、国際的な統一または単純化を目的とした取り決めです。各国が協力して国際規格を作成し、運用していくことを**国際標準化**または**国際標準化活動**と呼びます。

国際標準化の代表的な国際機関としては**ISO**（**国際標準化機構**）があります。

◎国際・国家規格

産業標準化の目的

①鉱工業製品の品質管理活動
②生産能力の増進、その他生産の合理化
③取引の単純公正化
④使用または消費の合理化
⑤公共の福祉の増進
などが挙げられます。

日本での産業標準化制度
「日本産業規格（JIS）の制定」
「日本産業規格（JIS）との適合性に関する制度（JIS表示認証制度および試験所認定制度）」により運用

お客様に同じものを提供するために

お客様に同じサービスをできるよう、企業はいろいろと工夫（標準化）しています。例えばハンバーガーショップのフライドポテトは、ある決められた筒状のスコップですくい、立てて振ってから袋に入れるように定められています。そうすることで、すべてのお客様に同じものを提供できるよう標準化しています。

標準化

C子：甥や姪、それに妹たちも加わって大騒動になったの。

Q男：どうしたんだい。

C子：買ってきたハンバーガーセットのポテトが大きいだの、小さいだのと、大変だったの。

Q男：ハンバーガーショップのポテトは、ある決められた筒状のスコップですくって立てて振るい、袋に入れるので、みんな同じ量になるはずだよ。

C子：へ～、そうなんだ。

課長：ハンバーガーショップではお客様にみな同じものを提供できるよう、標準化しているんだ。

C子：よし、それを調べるために駅前のハンバーガー屋さんへ行ってみませんか。

お客様に同じものを提供できるようにいろいろと標準化しています

日本産業規格（JIS）、国際標準化機構（ISO）

問題
6 標準化

次の記述について、正しいものには「◯」を、誤っているものには「✕」を解答記入欄に記入してください。

(1) 標準化を進めようとする対象に対して、その目的を明確にしておかないほうが標準を柔軟に使うことができます。

(2) 一度制定された標準であっても、その活用状況をよく見て、不都合なところがあれば改定したり、実情に合わない場合は廃止したりします。

(3) 実施する関係者が十分に討議して標準を制定するよりも、スタッフが標準を作成して管理者からの指示内容を標準として実施を要求する形のほうが、使われない標準を制定しないためには重要です。

(4) ある目的達成のため一緒になって活動する関係者の間での取り決め事項も、目的達成のために重要と考えられるものは、標準として制定しておいたほうがよいです。

[解答記入欄]

(1)	(2)	(3)	(4)

(問題⑥の解答➡p.161)

第 II 部

品質管理の手法編

片手鍋ひとつでは うまい料理はできない

問題や課題に取り組もうとするとき、データという事実から必要な情報を得ることが必要になってきます。この問題の構造はどうなっているのだろう、その原因は何だろう——。例えば「この苦情、最近増えてきているのか?」という疑問を持ったときは、1月から12月までの苦情件数を調べて折れ線グラフを書いてみると、苦情の発生傾向が見えてきます。データをそのまま眺めるのではなく、グラフに書いて見てみます。つまり、データを加工して視覚から情報をとってみます。その情報から次のステップに進むことができます。このとき、加工する道具となるのが「手法」です。

手法は、料理にたとえると鍋、釜、……など。何でも手鍋ひとつで料理した独身時代、決して、うまい料理にめぐり会えていたとは思えません。ご飯を炊飯器で炊いて、魚はアミで焼いたほうがいいものです。食べたいものに合わせた道具を使うほうが、おいしいものができ上がります。

第7章

事実に基づく判断

事実に基づく活動とは、
経験や勘に頼って管理していくのではなく、
事実によって活動していくことをいいます。

7-1 データの基礎（母集団、サンプリング、サンプルを含む）

母集団とは、知りたい全体の姿であり、知りえるのは母集団から得られたサンプルです。このサンプルから、統計的手法を活用して母集団を推測します。

私たちは仕事の状態や工程の状態を知りたいわけですが、仕事の結果を全数チェックすればその目的を達成します。しかし、状態のすべてのデータをとることは非効率であり、実際には不可能です。そこで、この知りたい集団（これを**母集団**と呼びます）を知るために、ヒントとなるデータを少しとります。これが**サンプル**です。

このサンプル（抜取検査、アンケート結果など）をもとに**統計的手法**を活用すると、知りたい母集団（ロット全体の状態、お客様の想いなど）の姿を知ることができます。例えば、調理中の味噌汁全体のでき具合を知るために、お母さんが小さじ1杯の味見をしていることと同じです。

◎知りたいのは母集団、知りえるのはサンプル

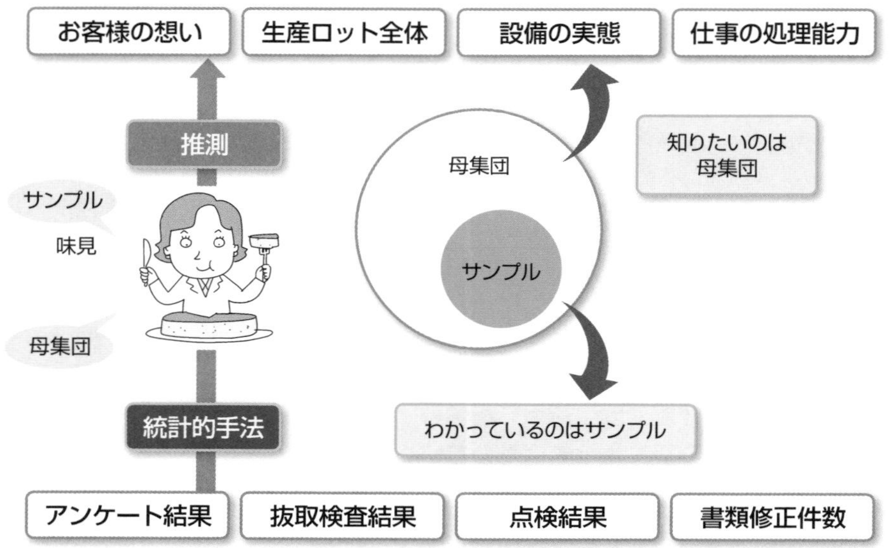

●「の」の字を２つの方法で数えてみてください

下の枠内の文章に出てくる「の」の字の全数を数えてください。ペンなどでマークしないでください。

次に、2行目からスタートして3行飛ばして4行目を数えてください。以下、4行目ごとに数えて、その合計を4倍してください。

全数を数えたとき ＿＿＿ 個

4つおきに数えて、4倍したとき ＿＿＿ 個×4= ＿＿＿ 個

> 統計を使って、これからの仕事に役立つ価値ある情報を得るには、まず素材になるデータが必要です。データには、数値データ、言語データ、数値化データなどの種別があり、そういった素材から情報を得るには、目的に見合った道具を使って素材を調理する必要があります。この道具が“統計”です。そして、アウトプットされた結果からいろいろと議論し、考察を行い、結果をまとめます。つまり結果を味わうことです。
>
> 世間では、「統計は○○なる学問である」とか「統計が売上を伸ばす」など多数の書籍が本屋に並んでいます。しかし、統計を扱うには数学の知識が必要であるため敬遠されがちになります。そこに立ちはだかる壁を乗り越えれば、目の前にかかっていた霧が晴れ、遠くの景色が見えてきます。今までに想像もできなかった光景を目にすることもできるかもしれません。
>
> そこで、本書では、3つの段階「素材を集める」「素材を調理する」「結果を味わう」に分けて、統計で登場する用語と計算式をわかりやすく解説し、必要な情報を得る“コツ”を紹介するものです。
>
> 統計は難しい、しかし、パズルだと考えれば楽しくなります。本書を読み、仕事のうえでの問題や課題を統計というアイテムを使って解きほぐしていくパズルに挑戦してみようという気持ちにさせる本に仕上げていくことをねらいにしています。アイテムをたくさん持てば持つほどゲームオーバーになりにくいものです。

答えは、どちらも「12」です。どちらが「楽」だったでしょうか？　統計の世界では全数がわかりません。1部のデータをとってもほとんど変わらない*ということです。

母集団、サンプル、統計的手法

*…**変わらない**　サンプル数が増えるほど、推測は正確になる。

7-2 ロット

ロットとは、同一仕様の製品や部品を生産単位としてまとめた数量です。

ロットとは、鋳造鍛造、プレス、熱処理工程などを経て生産される工業製品のように、同じ材料で同じ機械、装置、型を使用して連続して生産される一群の品物の製造単位をいいます。または、海外生産用部品などの受注、生産における一定台数の1単位のことです。

前者は同一条件で生産された品物の集まり（バッチともいう）です。後者は受発注の簡素化、梱包効率や梱包作業性の向上、および、場合によっては現地の開梱～組み立てまでの管理・作業の簡便化のために意図的に設定しているロットであり、一連のロット番号を付して受注、出荷、現地生産、さらには現地のアフターサービスなど、すべての管理のキーとしています。

◎ロットとは

●1枚の保証書が安心感を与える

ある家電量販店でのお話です。

お客様「この新しい型の冷蔵庫は色もデザインもいいわね」
店　員「そうです。今年出た商品で評判もいいんですよ」
お客様「だけど、すぐに具合悪くならないかしら」
店　員「冷蔵庫はどれでも大丈夫です」
店　員「保証書がついていますから安心ですよ。使っていて具合が悪くなれば、無料で修理します」
お客様「ではこの冷蔵庫をください」

お客様は、店頭で冷蔵庫を買いたいけれどもなかなか踏み切れないのは、「購入後、長く使えるのか」さらに「故障したとき直してくれるのか」といった不安感があるからです。

このようなお客様の不安感を払しょくするのが、保証書という企業側の約束事であり、店員の「大丈夫です」という商品に対する信頼性です。つまり、企業としてはこの2つの保証を確実なものにしていくため、品質保証の活動を展開しているのです。

ロット

7-3 データの種類（計量値、計数値）

数値データには、測定器で測って得られる「計量値データ」と、数えて得られる「計数値データ」の２つがあります。計数値は計量値より簡単にデータを得られますが、良さや悪さの程度まではわかりません。

数値データとは、測定器などで測定された結果であり、誰もが同じように認識でき、事実を客観的に評価することができるものです。

計量値データは、測定器を使って測るため、少し手間がかかるものの、状態のレベルを知ることができます。一方の**計数値データ**は、比較的容易に得られるデータであり、ものの良否は判断できますが、その程度を知ることはできません。したがって、目的に合わせて、どちらのデータを採用するのか決める必要があります。

❶計量値データ：測って得られるデータ、連続したデータ
　例えば、重量（kg、g）、寸法（mm、cm）、強度（kg/mm）など
❷計数値データ：数えて得られるデータ、離散したデータ
　例えば、不良数（件数）、トラブル数（件数）、ミス数（件数）など

◎計数値データと計量値データ

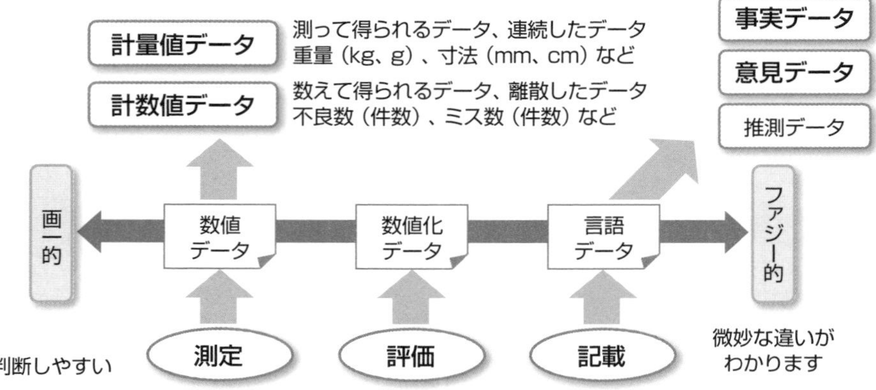

● 手間のかかる計量値データが状態のウエイトを教えてくれる

数えて得られるデータを計数値データといいます。このデータは、収集するのに手間が少なくて済みます。しかし、良否の判定のみであることから、良否の程度はわかりません。一方、測定して得られるデータを計量値データといい、状態の程度を知ることができます。ただし、このデータは収集するのに少し手間がかかります。

概略を見るには手軽な計数値データを扱い、詳細な情報を見るには少し手間をかけて計量値データを収集します。

◎計数値データと計量値データの違い

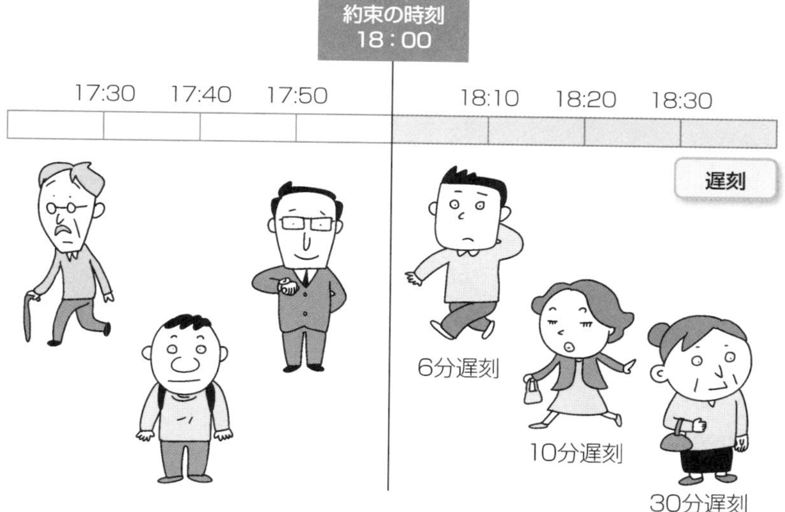

計数値データ　遅刻したのは3人（遅刻率50%）

計量値データ　遅刻の平均値は15.33分

計量値データ、計数値データ

7-4 データの取り方、まとめ方

データの取り方の基本はランダムサンプリングです。サンプルから母集団を推測する方法には、視覚的に表現するグラフ化と、数量的に表現する統計量の計算があります。

仕事をするとき、長年積み重ねた経験（K）や勘（K）に頼って判断し、ときには「エイ、ヤッ!」と度胸（D）を交えて行動に移すことがありませんか。

母集団からサンプルを抽出（抜き取る）し、これを測定（実測）することでデータが得られます。このときの、母集団からサンプルを抽出する行為をサンプリングといいます。サンプルから得られたデータにより母集団の姿をとらえる（推測する）ことが目的ですから、サンプルは母集団の姿をできる限り反映していなければなりません。そのためには、偏りがなく無作為にサンプルを抽出することが重要です。この、無作為にサンプルを抽出することを**ランダムサンプリング**といいます。つまり、ランダムサンプリングとは、母集団を構成する要素が、いずれも母集団と同じ確率でサンプルに含まれるようなサンプリングの方法をいいます。一般的には単純ランダムサンプリングの方法がとられます。

◎データの取り方

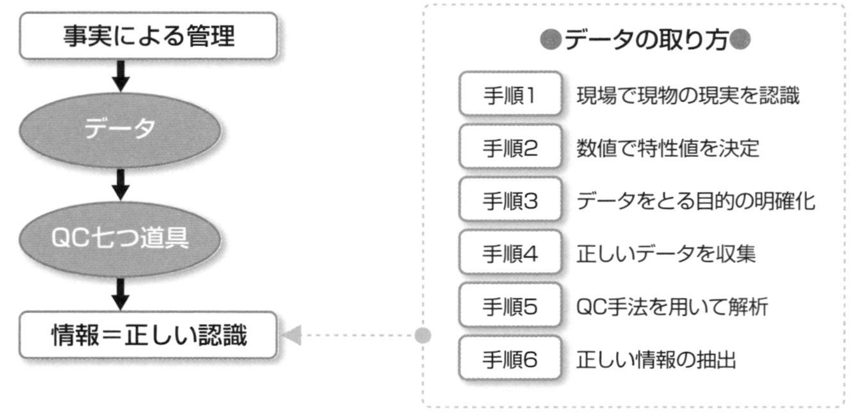

● データのまとめ方

サンプルから母集団を推測するには、次の2つの方法があります。

1つはグラフに書くことです。分布の状態を**ヒストグラム**に表したり、2つの特性の関係を**散布図**に表すことによって、視覚的に母集団を推測することができます。

もう1つの方法として、データの**平均**と**ばらつき**を計算することによって、分布の状態を見ることができます。また、2つの特性のデータから相関係数を計算することによって、2つの特性の関係度合いを見ることができます。

◎データのまとめ方

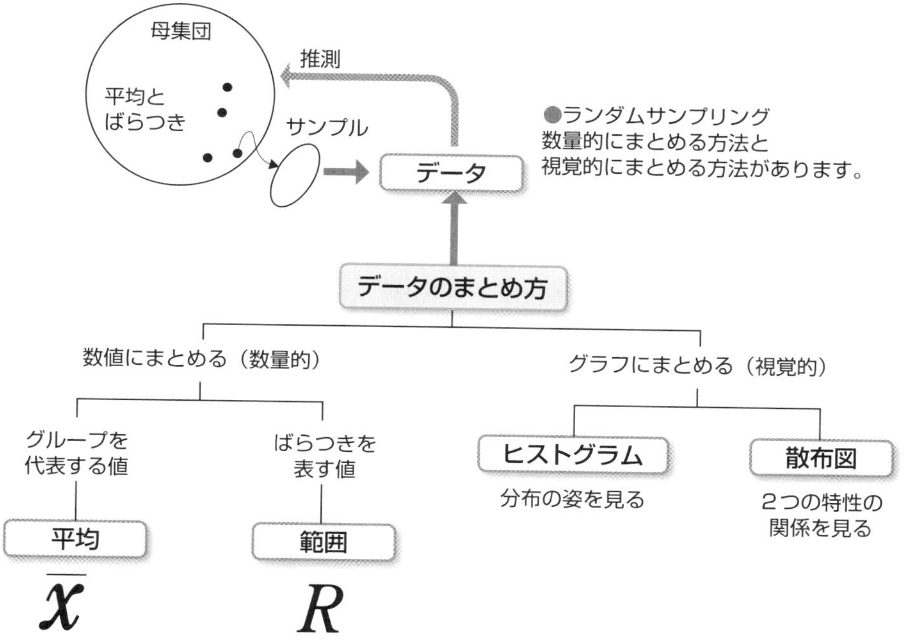

ランダムサンプリング、ヒストグラム、散布図
平均、ばらつき

7-5 平均とばらつきの概念

集団の代表となる数値は平均値で表します。平均値は目安になりますが、それだけでは実態を表さない数値です。個々のデータはばらついていますので、ばらつきの程度を知るには範囲を使います。

集団の中心的傾向を表すには平均値を計算します。

平均値は目安になりますが、それだけでは実態を表さない数値です。個々のデータはばらついています。したがって、ある集団の状態を知るには、平均値とばらつきのペアのデータから全体の姿を推測していかなければなりません。

平均値（$\overline{x}$と表します）とは、データをすべて足して、データ数で割った値です。中心的傾向を表す尺度ですが、計算をしなければならず手間が少しかかります。

一方、ばらつきを表すのに、簡易的には範囲（Rと表します）があります。範囲Rとは、データの最大値から最小値を引いた値です。

例を挙げて考えてみましょう。

課長は、家庭菜園でキュウリの苗を育てていました。そこへC子がやってきました。

C子「課長、キュウリの芽が出てきましたね。大きく伸びた苗もあるし、まだ小さいのもありますね」

課長「そうだよ。一番大きな苗は7cm、一番小さな苗は4cmだから、その差は7cm−4cm=3cmだね」

◎ばらつきの概念

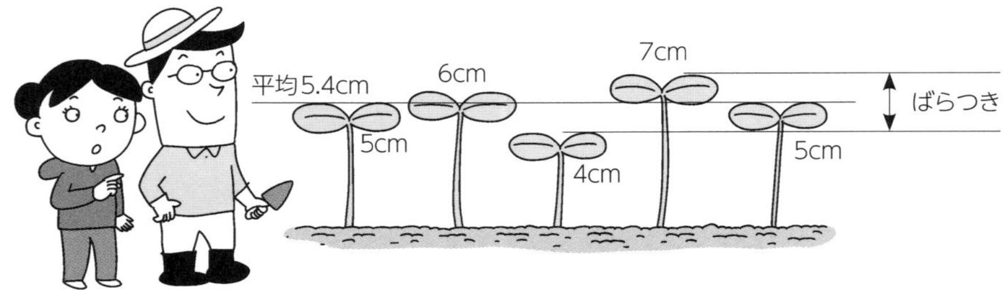

● 平均値は目安になるが実態を表さない数値

宝くじの返金金額はいくら？

● 宝くじの返金

職場のQ男君、最近、宝くじが当たったらしい。

課長「お〜いQ男君、最近宝くじに当たったらしいね」

Q男「いえ、たいしたことないですよ、10万円ですから」

課長「いいなあ、私なんか当たっても300円だ」

こんな会話が聞けた宝くじ、いったい返金率はいくらぐらいになるのか、考えてみましましょう。

宝くじの返金の平均値は、一説によると1枚300円の宝くじで145円くらいとのこと（推定）。これが平均値です。宝くじの持っている当選確率を表すには、もってこいの数字です。

しかし、日本全国で宝くじを買った人は何十万人いや何百万人いるかもしれませんが、誰一人として145円を受け取った人はいません。

ほとんどの人が返金0円です。たまに300円、1000円に当たる人がいます。ごくごくまれに"1億円"の返金を受け取る人もいます。

これが実態です。平均値は、目安になりますが実態を表さない数値です。

個々のデータはばらついています。

平均、ばらつき

7-6 平均と範囲

集団の中心的傾向を表すのに平均（$\bar{x}$：平均値）があります。また、ばらつきを表すのに範囲（R）があります。この 2 つで母集団の姿を推測することができます。

● 平均値

平均値とは、すべてのデータを足してデータの数で割ったものです。

$$平均値\ \bar{x} = \frac{\Sigma（家族各人のデータの値）}{（家族の人数）}$$

6 人の家族の年齢の平均値$\bar{x}$は、家族全員の年齢を足して、家族の人数で割った値です。

$$平均値\ \bar{x} = \frac{\Sigma（家族各人の年齢）}{（家族の人数）} = \frac{70+45+42+20+17+15}{6} \fallingdotseq 35才$$

◎家族の平均年齢は

【正確な中心的傾向を表す平均値】

$$平均値\ \bar{x} = \frac{\sum（家族各人の年齢）}{（家族の人数）} = \frac{70+45+42+20+17+15}{6} \fallingdotseq 35才$$

範囲

ばらつきを簡単に表すのに、範囲Rがあります。

範囲R =（データの最大値）−（データの最小値）

最初のプランターの苗の範囲　$R = 7\text{cm} - 4\text{cm} = 3\text{cm}$

日当たりが良いプランターの苗の範囲　$R = 7\text{cm} - 4\text{cm} = 3\text{cm}$

この範囲は、両端のデータのみの情報でばらつきを計算していますので、途中のデータの情報が無視されます。すべてのデータの情報からばらつきを正確に知るためには、標準偏差を計算します。

◎最大値から最小値を引いたのが範囲

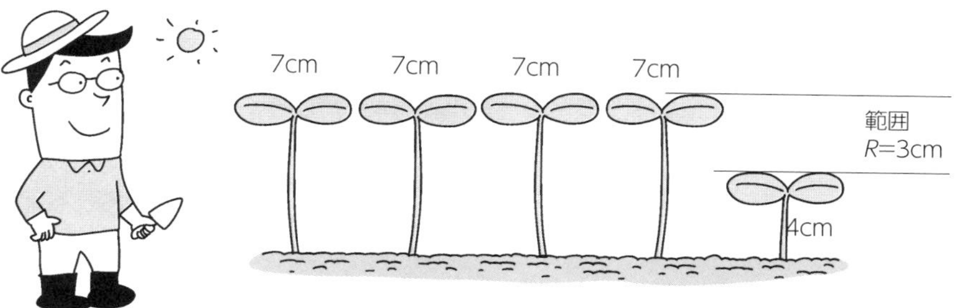

平均値、範囲

問題
7 事実に基づく判断

次の文章において、[　　] 内に入る最も適切なものを下欄の語群から1つ選び、その記号を解答記入欄に記入してください。ただし、各選択肢を複数回用いることはありません。

(1) 私たちが知りたい集団（これを [1] と呼びます）を知るためにヒントとなるデータを少しとります。これが [2] です。

(2) 鋳造鍛造、プレス、熱処理工程などを経て生産される工業製品のように、同じ材料で同じ機械、装置、型を使用して連続して生産される一群の品物の製造単位を [3] といいます。また、海外生産用部品などの受注、生産における一定台数の1単位も [3] といいます。

(3) [4] は、測定器を使って測るため、少し手間がかかるものの、状態のレベルを知ることができます。一方の [5] は、比較的容易に得られるデータであり、ものの良否は判断できますが、その程度を知ることはできません。

(4) サンプルは母集団の姿をできる限り反映していなければなりません。そのためには、偏りがなく無作為にサンプルを抽出することが重要です。この、無作為にサンプルを抽出することを [6] といいます。

(5) サンプルから母集団を推測するには、次の2つの方法があります。
1つはグラフに書くことです。分布の状態を [7] に表したり、2つの特性の関係を [8] に表すことによって、視覚的に母集団を推測することができます。
もう1つは、データの平均とばらつきを計算する方法です。

(6) 次の数値の平均と範囲を求めてください。
3cm、4cm、5cm、3cm、6cm
平均 [9]　　範囲 [10]

[選択肢]

ア. 計数値データ	イ. サンプル	ウ. 計量値データ	
エ. 4.0cm	オ. 母集団	カ. ランダムサンプリング	
キ. ヒストグラム	ク. 4cm	ケ. パレート図	コ. 4.2cm
サ. ロット	シ. 3.0cm	ス. フリーサンプリング	セ. 散布図

[解答記入欄]

1	2	3	4	5	6	7	8

9	10

(問題⑦の解答➡p.161)

MEMO

第8章

データの活用と見方

データからは、いろいろな手法を活用することによって
情報を得ることができます。
そういった手法の1つにQC七つ道具があります。

8-1 QC七つ道具（種類、名称、使用の目的、活用のポイント）

QC七つ道具とは、誰でも手軽に使えて問題解決に役立つ手法であり、パレート図、特性要因図、ヒストグラム、グラフ、チェックシート、散布図、管理図の7つの手法からなっています。

● QC七つ道具とは

QC七つ道具（略してQ7と呼びます）とは、企業内の問題を解きほぐすのに、あらゆる部門が利用できる簡単な手法であり、**パレート図**、**特性要因図**、**ヒストグラム**、**グラフ**、**チェックシート**、**散布図**、**管理図**の7つからなります。

この手法は、1960年ごろ、石川馨（かおる）博士が中心となって、企業内のあらゆる分野で活用できる初歩的な統計的手法としてまとめられたものです。

このQC七つ道具で大半の問題は解決できるとまでいわれており、技術、営業、総務など企業のあらゆる職場で問題解決に役立つ道具です。

◎QC七つ道具とは

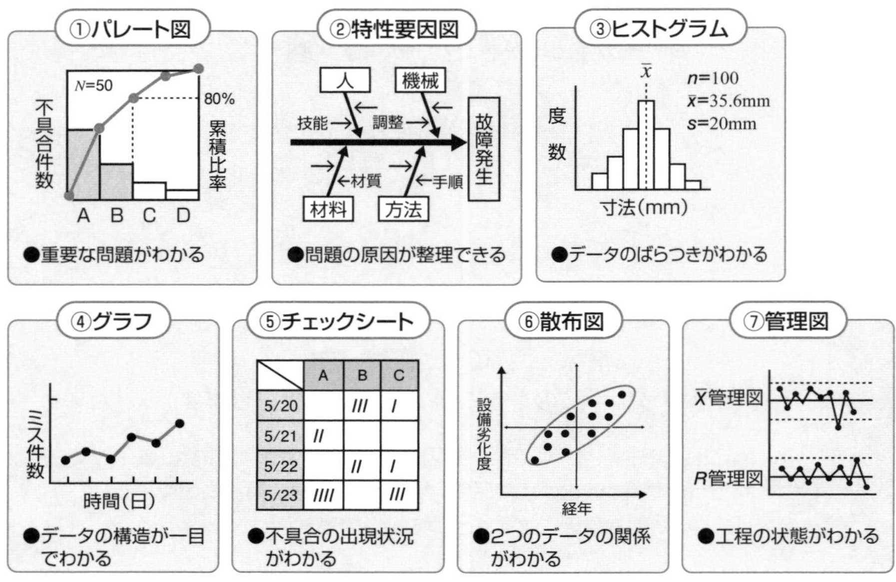

QC七つ道具には、次の7つの手法が含まれます。

①パレート図

パレート図とは、問題となっている不良や欠点、クレームなどを現象別に分類してデータをとり、その現象の多い順に並べることで、重要な問題がわかる手法です。

②特性要因図

特性要因図とは、結果と原因の関係を表した図であり、問題の原因を整理できる手法です。

③ヒストグラム

ヒストグラムとは、測定値の存在する範囲をいくつかの区間に分け、その区間に属するデータの数を集め、その度数を棒グラフで表した図であり、データのばらつきがわかる手法です。

④グラフ

グラフとは、互いに関連する2つ以上のデータの相対的関係を表す図であり、データの構造が一目でわかる手法です。

⑤チェックシート

チェックシートとは、データの記録、集計、整理を容易にし、不具合の出現状況を把握する手法です。

⑥散布図

散布図とは、2つのデータの関係がわかる手法です。

⑦管理図

管理図とは、工程において自然のばらつきと異常原因によるばらつきを区別して管理していき、工程の状態が異常かどうかを客観的に判断する手法です。

QC七つ道具

パレート図、特性要因図、ヒストグラム、グラフ、チェックシート、散布図、管理図、層別、特性、要因、大骨、中骨、小骨、設計品質、ねらった品質、できばえの品質、製造品質、相関、偶然原因によるばらつき、異常原因によるばらつき、$\bar{X}$-R管理図

● パレート図

1) パレート図とは

パレート図とは、問題となっている不良や欠点、クレーム、事故などを、その現象や原因別に層別したデータをとり、不良個数や損失金額などの多い順に並べて、その項目の大きさを棒グラフと折れ線グラフで表した図をいいます。

一度にすべての不具合の原因を突き止めようとすると、多くの時間がかかりますし、発生件数の少ない不具合の発生原因まで追求することは非効率です。したがって、「まず、どこから攻める?」という重点指向の考え方で取り組む必要があります。そのため、問題を層別してパレート図を書き、まずは、1位の問題点を抽出して取り組みます。

◎あれもこれもではなく「これをやろう」

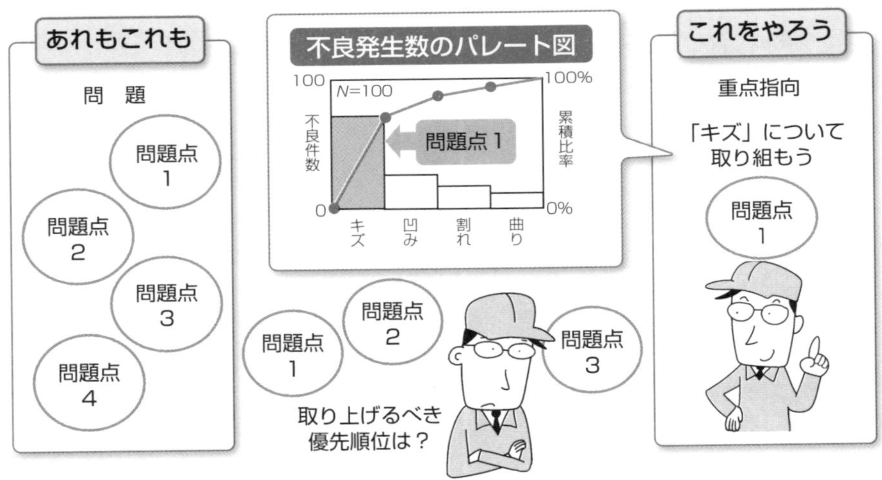

2) 家計簿に一喜一憂するカイセキ家がパレート図を書いて

家計簿をつけているサンプ母さん、「今月はちょっと出費が多かったわね」とため息をついています。「お父さんのお小遣い少し減らそうかなあ？」

横で聞いていたパレート父さん、「おいおい、それはないよ」と。「母さん、家計簿ちょっと見せろよ」。ふ〜む、パレート父さん、しばらく眺めていた家計簿の毎月の支出金額をパレート図に書いてみました。

「食費と住居費が大多数を占めているね。その次にあるのは交際費、おれの小遣いなんて6位だ、微々たるものじゃないか」とパレート父さん。「なるほどね、お父さんのお小遣いを減らしてもたいしたことないわね」とサンプ母さん、「やっぱり1位の食費を減らさないと。先月は外食も多かったからね」「親戚のマルちゃん、今年、1年生でお祝いを送ったね」。パレート父さん「そうだろう。来月になれば元の支出金額に戻るよ。おれの小遣いを減らすなんて言わないでくれよ」「わかりました」。

◎家計簿の内訳をパレート図に書いてみると

●家計簿（集計欄）

項　目	収入金額	支出金額	差額
給　料	¥600,000		¥600,000
食　費		¥265,740	¥334,260
住居費		¥160,540	¥173,720
交際費		¥50,000	¥123,720
教育費		¥41,900	¥81,820
光熱費		¥31,500	¥50,320
小遣い		¥30,000	¥20,320
通信費		¥17,850	¥2,470
その他		¥2,470	¥0

支出金額を層別して
パレート図を作製

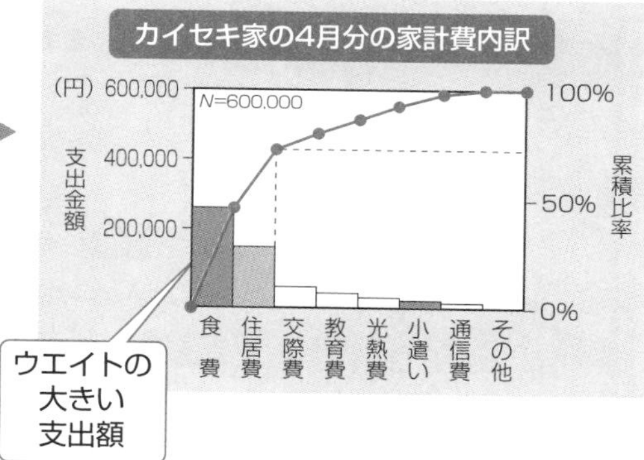

ウエイトの
大きい
支出額

**パレート図から
わかること**

・家計費の71%を占めるのが「食費」と「住居費」である。
・父さんの小遣いの比率は、小さい。

● 特性要因図

1) 特性要因図とは

特性要因図とは、結果としての品質特性と、その品質をつくり込む要因の関係を表した図です。また、特性要因図は、品質特性と要因の関係のほかに、問題の因果関係を整理し、原因を追求する道具として、幅広く知られています。

特性要因図で問題の原因を追求するには、まず、解決すべき問題を横線の右端に書きます。次に、この横線の両側に斜め方向の線を書き、その各々に、その問題に関連する要因を書き出し、その要因の中から重要な要因を抽出し、データでの検証を経て、真の原因を特定します。

仕事の結果として発生した問題の原因を特性要因図で考える場合、4Mで考えていくと整理しやすくなります。そのため、特性要因図の大骨には4M「Man（人）、Machine（機械）、Material（材料）、Method（方法）」を設定することが多いです。

◎問題を4M（Man、Machine、Material、Method）で考えます

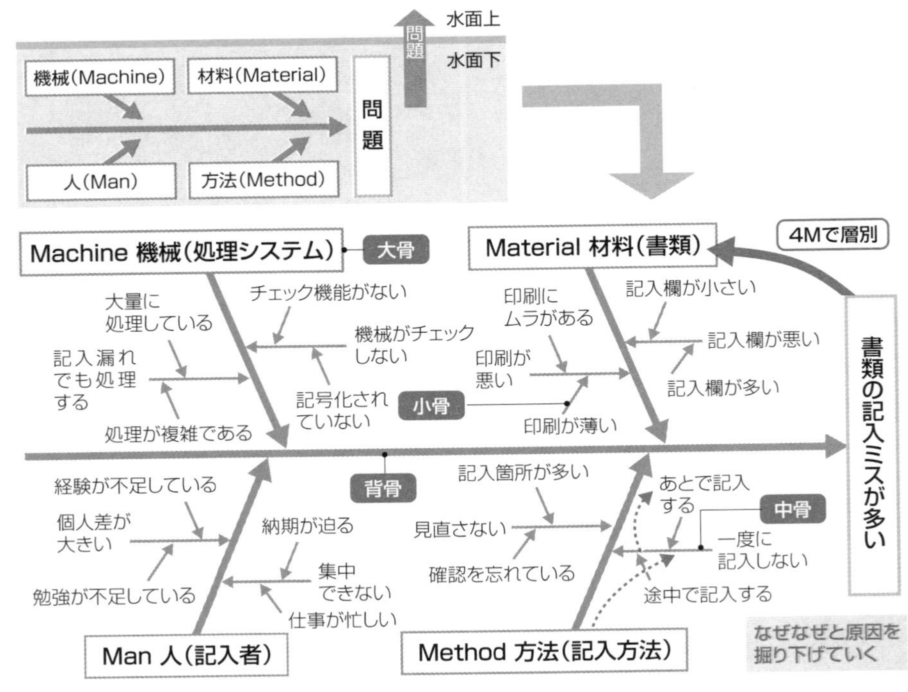

2) パート先のスーパーマーケットの片隅で

サンプ母さんが務めているスーパーマーケットで、販売している野菜サラダの売上が伸び悩んでいました。そこで、スタッフが集まって、なぜ野菜サラダが売れないのか、原因をみんなで出し合い、ボードに書き出しました。

ホワイトボードをじっーと眺めていたチーフが、「これでは何がどうなっているのかわからない。出てきた意見を分類して整理してみよう」と言って、サラダが売れない原因を"店員""売り場""販売方法""商品"の4つに分類しました。

特性となる問題は、「野菜サラダの売上が伸びない」です。**大骨**は、"店員""売り場""販売方法""商品"の4つを設定しました。特性要因図に書くことによって、**中骨**（現象）と**小骨**（原因）に整理することができました。これらの小骨（原因）の中から、特に重要だと思われる主要因「売り場の場所が目立たない」「夕方には新鮮でなくなっている」「チラシなどでの広告がない」を特定することができました。

◎お惣菜売り場の売上が伸びない原因を特性要因図で考えてみました

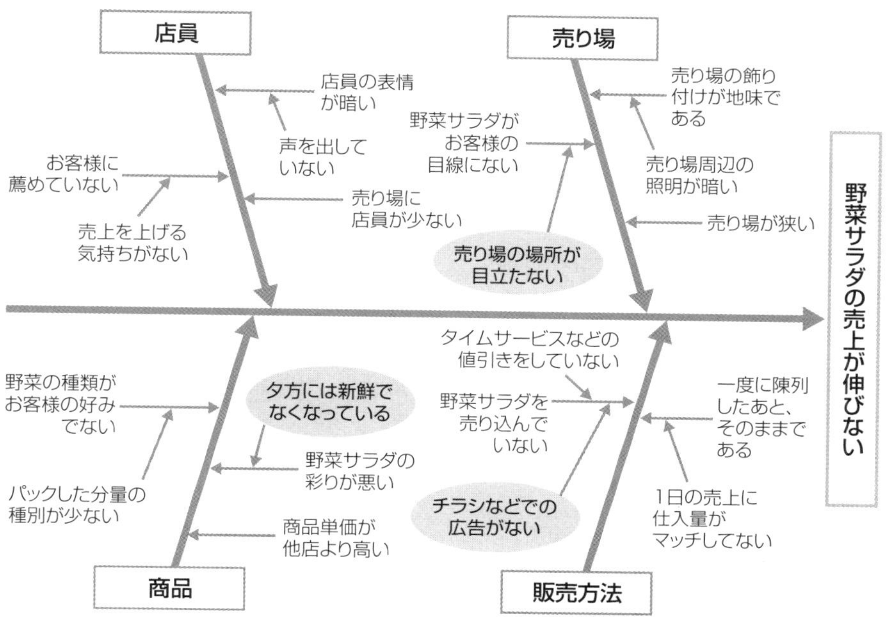

●ヒストグラム

1) ヒストグラムとは

ヒストグラムとは、測定値の存在する範囲をいくつかの区間に分け、その区間に属するデータの度数を棒グラフで表した図であり、データのばらつきがわかる手法です。ヒストグラムを書くことによって、中心の位置、ばらつきの大きさなどを視覚的に見ることができます。

設計品質とは、「製造の目標として**ねらった品質**のこと」で“ねらいの品質”ともいいます。一方、**製造品質**とは、「設計品質をねらって製造した製品の実際の品質のこと」で“**できばえの品質**”ともいいます。製造品質はばらつきを持って現れます。このばらつきが規格値内に入っているのか、規格外品が発生しているのかを評価するために、工程からサンプルを抜き取り、ヒストグラムを書き、平均値と標準偏差を計算します。

◎データのばらつきがわかるヒストグラム

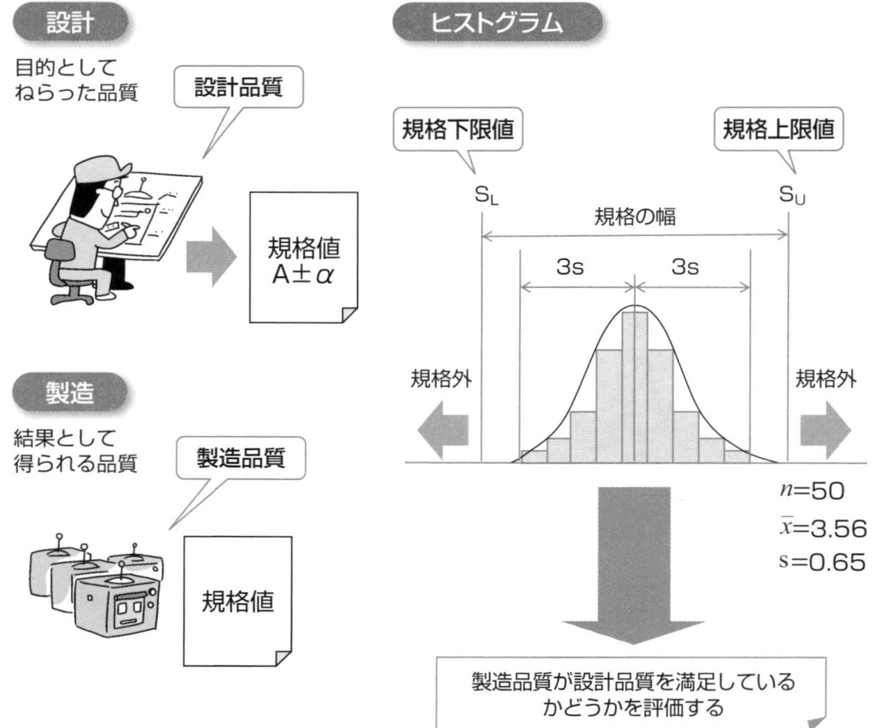

2) 田舎から送られてきた柿の重さがばらついていました

ダイヤ母さんの田舎の実家から今年もたくさんの柿が送られてきました。「大きさがまちまちだから、一番大きな柿を食べてみましょう」。マトリック父さん「それじゃ、重さを測ってみよう」。ということで、家族全員で柿の重さを測ってみました。

「20個の柿の大きさ（重さ）のばらつきを絵に書いてみよう」ということで、大きく広げた紙の左端に140gから5g単位で枠を書いていきました。そして、その上に重さを測った柿を一つひとつ並べていきました。

「そうだろう。真ん中の柿が一番多くて、その周りに小さい柿と大きな柿が同じくらいある。これを図に書いてみよう」と言って、マトリック父さんはグラフ用紙に5g単位に切った棒グラフを書いていきました。「これがヒストグラムといって、ばらつきの状態を目で見ることができるんだよ」。

ダイヤ母さん「それでは早速、一番大きな柿をむいてきますね」と言って、台所に持って行きました。

◎田舎から送られてきた柿の重さを図にしたら

柿の重さのデータ表（g）				
142	152	166	157	156
155	157	146	150	161
163	151	172	168	156
159	163	162	147	153

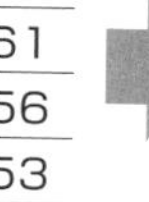

No.	区間			柿の個数	度数
1	140	～	144		1
2	145	～	149		2
3	150	～	154		4
4	155	～	159		6
5	160	～	164		4
6	165	～	169		2
7	170	～	174		1
合計					20

●柿の重さのヒストグラム

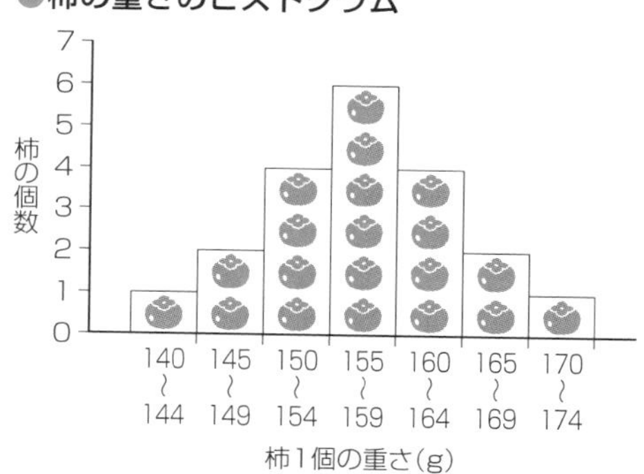

● グラフ

1) グラフとは

グラフとは、互いに関連する2つ以上のデータの相対的関係を表す図であり、全体の姿から情報を得る簡単な手法です。

グラフの特徴は、次のとおりです。

❶目で見てわかる

数字などのデータを、点の配置や図形の大きさに置き換えることによって、直観的に全体像を把握することができ、その内容を印象強く表現することができます。また、数字を一つひとつ解析する必要がないので、専門的な難しい内容であっても抵抗なく見ることができます。

❷簡単に作成できる

複雑な計算や高度な知識を必要としないので、誰でも手軽に書くことができます。

❸要点が理解されやすい

言語のように、ある特定の国や地域にしか通じないものと違い、どこの国の誰にでも同じようにその要点を伝えることができます。

◎グラフの特徴

2) お客様のクレームを受けて開かれた検討会で

数日後、関係者を集めてクレーム検討会議が開催されました。出席者の手元には、4月から9月までの商品ごとの不良品発生一覧表が配られ、製造課長が説明を始めました。しばらくすると、出席者から「この表では、何がどうなっているのかよくわからない」。そこで、営業課長が「もっとみんなにわかるような資料につくり直して、午後から会議を再開しよう」と言い、午前の会議は11時で中断することになりました。

13時、やっと間に合ったExcelで書かれたグラフが配られ、会議が再開されました。6か月間の不良件数を折れ線グラフで表し、その下に商品別に層別した折れ線グラフが付け加えられていました。見てみると、商品Aの不良が増えているのがわかりました。

営業課長「う〜ん、状況がよくわかるね」。「早速、商品Aの不良がなぜ増えてきたのか調査してみよう」と、製造課長が検討を始めました。

◎とあるクレーム検討会議で

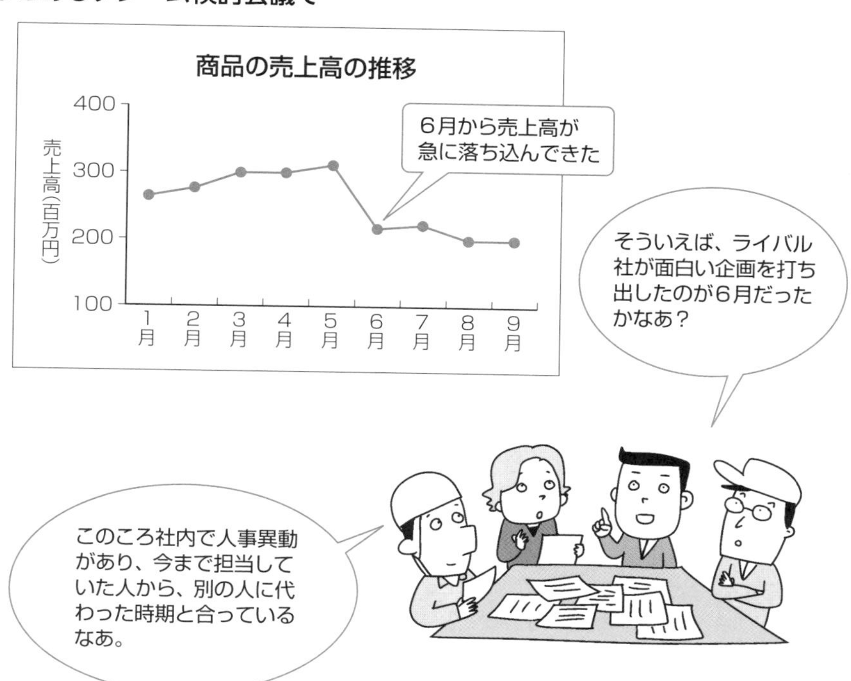

● チェックシート

1) チェックシートとは

チェックシートとは、事実を確認し、情報を得るために作成した記録紙のことです。あらかじめ必要事項を決めているため、データを手際よく収集でき、整理もしやすくなります。

チェックシート作成上のポイントは、次のとおりです。

❶どんな目的で（チェックする目的）
❷どんな項目を（チェック項目）
❸誰が（チェック者）
❹どこで（チェックする現場もしくは職場）
❺どんな方法で（測定方法および記録する記号や数値単位など）
❻どのくらい（チェック期間とデータ数）

◎チェックシート

項目	7/21	7/22	7/23	7/24	計
擦りキズ					
表面剥離					
L字曲り					
湾曲反り					
その他					

●チェックシート作成ポイント●

① どんな目的で　② どんな項目を　③ 誰が　④ どこで
⑤ どんな方法で　⑥ どのくらい

2) 窓を閉め忘れた教室で

ワードスクールの教室でボーン主任がため息をついていました。今朝の朝礼で「下校時には窓を閉めよう」と話をしたのに、今日も2つの教室の窓が空きっぱなしだった。それに、2階の教室では蛍光灯もつけっぱなしだった……。

そこへやってきたカンリ先生、「まったく、しょうがないですね！　私のクラスでも同じことがたびたびあって、生徒に聞いてみたところ、『だって、まだ残っている子がいると思いました』『蛍光灯は消したんですけど窓が開いていることに気づきませんでした』などの声が上がりました」。

そこでカンリ先生、下校時に何を確認すればいいのか、生徒のみんなで話し合ってもらい、その結果を一覧表にしてみました。さらに、チェックする当番を決めて、一覧表に記入してもらうことにしました。「よし、今日から実行しよう」ということで、この「下校時チェックシート」を入り口のドアの横にぶら下げました。ボーン主任、「それはいいね。明日の職員会議でみんなに話してみよう」。

◎ホームルームで決まったチェックシート

下校時の教室確認チェックシート

場所	1階A102教室
確認時間	下校時

確認印

No.	確認項目 ＼ 月日 / 点検者	6／1 田中	6／2 伊藤	6／3 山田	6／4 佐藤	6／5 伊藤
1	机をそろえる	○	○			
2	忘れ物を確認する	○	○			
3	黒板を拭く	○	○			
4	黒板消しを掃除する	○	○			
5	外側の窓を確認する	○	○			
6	廊下側の窓を確認する	○	○			
7	蛍光灯を消す	○	○			
8	ドアを閉める	○	○			
	その他気のついたこと					

● 散布図

1) 散布図とは

散布図とは、2つの対になった**データの関係**を調べるため、xとyの交点を「・」でプロットし、この点の散らばり方から、2つの対になったデータの間に関係があるかないか（これを**相関**という）を見る手法です。

例えば、ある日家庭でメタボリック症候群が話題になり、「ダイエット効果を上げるため、食事を少し控えて、食後は軽く運動してみよう」ということになりました。さらに、ダイエット効果が出ているかどうか調べるため、毎日、「食事量」「運動量」「読書時間」を測定してみました。

そして、家族6名のデータから、散布図をつくりました。

この散布図から、「運動量を増やすとダイエット効果が出てくる」ということがわかりました。

◎ダイエットに効果があるのは

	運動量	食事量	読書時間	ダイエット効果
ケンテ父さん	22	1900	54	107
ダイヤ母さん	60	1800	64	122
ピーシ姉さん	23	2100	55	90
シンワ君	47	2200	61	112
ケイトちゃん	33	2400	52	104
アロー爺さん	12	2400	68	91

●運動量とダイエット効果の散布図

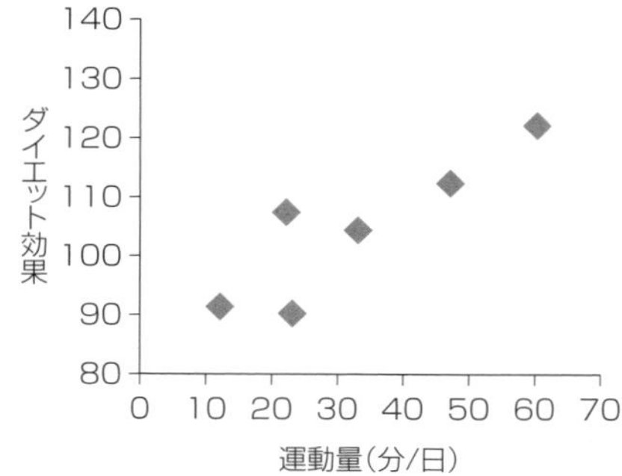

2) サンプ母さんの勤めているスーパーマーケットの売り場で

サンプ母さんがパートで行っているスーパーマーケットでは、新聞に折込チラシを入れていました。あるとき売り場の主任さんから、この折込チラシが本当に売上向上に役立っているのか？　という疑問が投げかけられました。

しばらく考えたサンプ母さん、パレート父さんから以前に聞かされていたQC七つ道具を思い出し、折込チラシが売上金額にどれほど効いているのか、散布図を書いてみようと思いました。

系列の8店舗の「折込費用」と「売上金額」のデータを散布図に書いてみました。その結果、関係があるようで、ないようにも見えました。そこで、店舗を「住宅地」と「商業地」で分けてみると、商業地では折込費用と売上金額の相関がなさそうであり、住宅地では折込費用と売上金額の相関があることがわかりました。

この結果を主任に報告しました。「住宅地は折込チラシの効果がありそうなので、今後も強化していくことにしよう」と主任が言いました。

◎折込チラシと売上金額の関係を散布図で解析

店	単位：万円/月 折込費用	単位：10万円/週 売上金額	地域
A 店	5.4	72	住宅地
B 店	4.2	55	住宅地
C 店	4.4	60	住宅地
D 店	2.9	31	商業地
E 店	2.7	26	商業地
F 店	2.6	27	商業地
G 店	3.4	32	商業地
H 店	2.2	31	商業地

●折込費用と売上金額の散布図

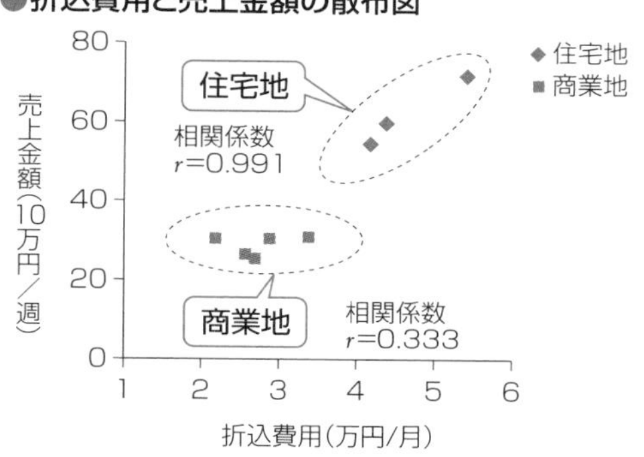

折込チラシの費用と売上額の散布図からわかること
- 商業地は、折込費用と売上金額の相関がなさそう
- 住宅地は、折込費用と売上金額の相関がある

住宅地は折込チラシの効果がありそうなので、今後も強化していくことにした

管理図

1) 管理図とは

工程を行った結果として生じる**偶然原因によるばらつき**と**異常原因によるばらつき**に対して管理を行います。異常原因によるばらつきは、工程の状態が変化しているためであり、この異常原因を突き止めて改善する必要があります。偶然原因によるばらつきは、自然にばらつくものであり、特に大きな影響が出ない場合は、このばらつきを認識して仕事のやり方を決めます。管理図とは、工程固有の変動に基づいて定められた限界と、現在の状況を表すサンプルの情報とを対比させる手法です。

管理図には、扱うデータの特性によって、いくつかの種類があります。一番よく使われているのが、計量値データの管理図としての$\overline{X}$–R管理図です。この管理図では、平均値の変化を見る$\overline{X}$管理図と、ばらつきの変化を見るR管理図を一組として使い、工程の管理状態についての情報が得られます。ほかに、計数値データの管理図としてp管理図やnp管理図、c管理図、u管理図などがあります。

◎管理図のしくみ

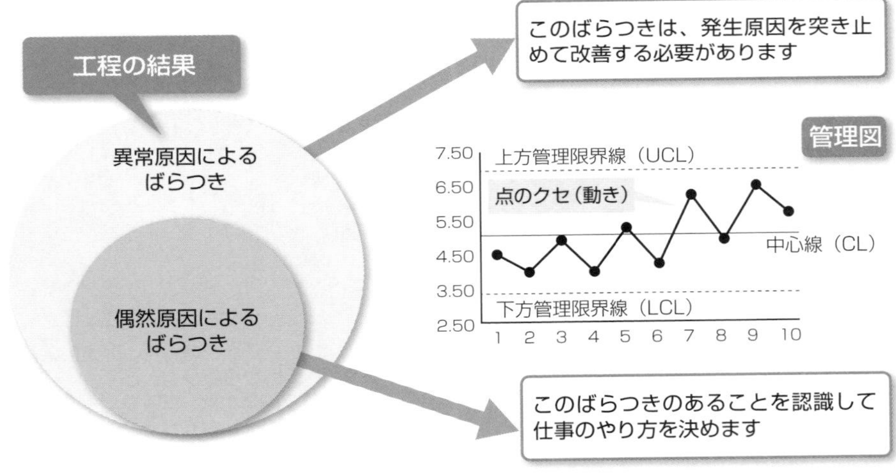

2) ある日の健康診断で

今日は、年に一度の健康診断。ここではデータによって体調をいろいろと判断されます。パレート父さん、昨日の夜からの絶食もそろそろ限界にきています。さっさと検査を済ませて、食事にありつきたい（切実な願い）。

健康診断は、身体の内部を血液や撮影画像、排泄物などから調べるものです。身長と体重からBMIを計算し、ここから肥満度を算出します（今年もメタボだ）。尿検査は、試験紙にて行われます。ここからタンパク、尿糖を確認します（これはクリア）。

それぞれの測定値には基準が設けられています。項目によって、基準以下でも以上でもダメ、基準以上はダメ、下限なしなどがあり、基準からどの程度離れているかによって、健康状態が判定されます。

ほとんどの項目で基準をクリアしたパレート父さん、最後の血圧測定で「少し血圧が高いですね」と言われました。帰宅後、毎日3回測っていた血圧データを管理図に書いてみました。やはり、先月は少し飲み会が多くて、血圧が高かったようです。今月は少し自粛しよう、と決意したパレート父さんでした。

◎血圧値（最高）の$\overline{X}-R$管理図

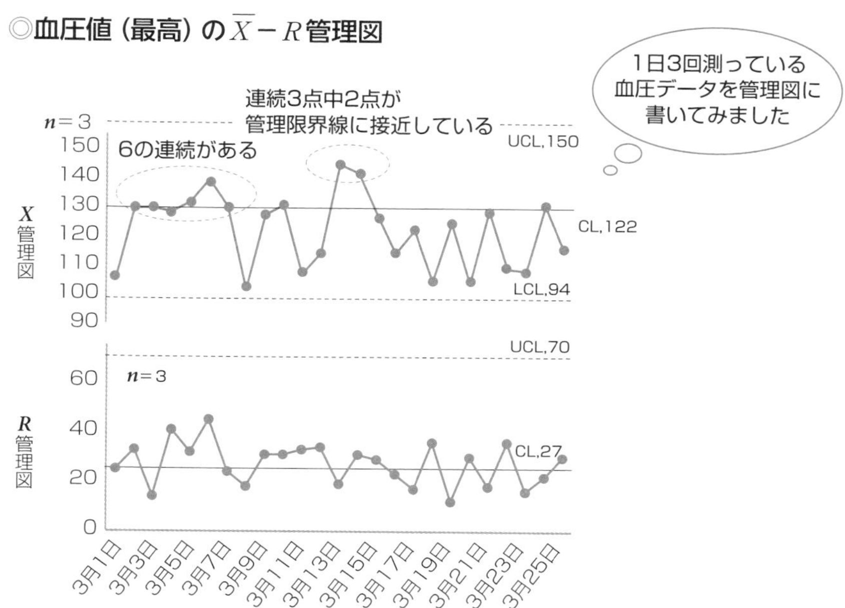

8-2 異常値

異常値とは、他の測定値から飛び離れた値を意味します。異常値は、測定・記録のミスおよび工程に問題がある場合という 2 つの原因で発生することがあり、注意を要します。

● 異常値とは

飛び離れた値が必ずしも異常であるとは限りません。そのため、異常値が発生した場合は、まず飛び離れたデータが異常データかどうかを確認します。

◎異常データの出現

ヒストグラムや散布図で飛び離れたデータが現れた場合

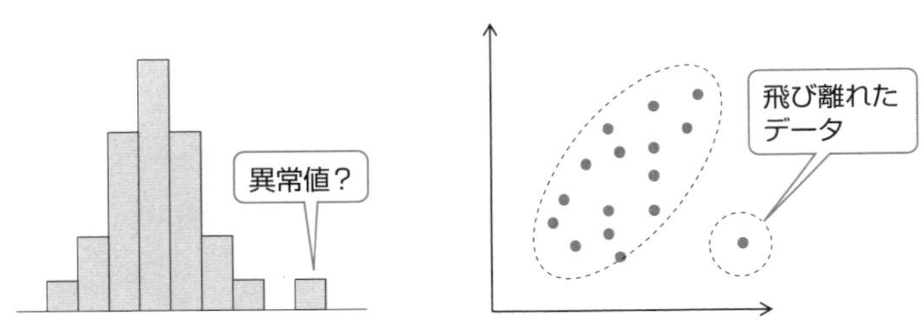

管理図で点にクセ（偏り）が現れた場合

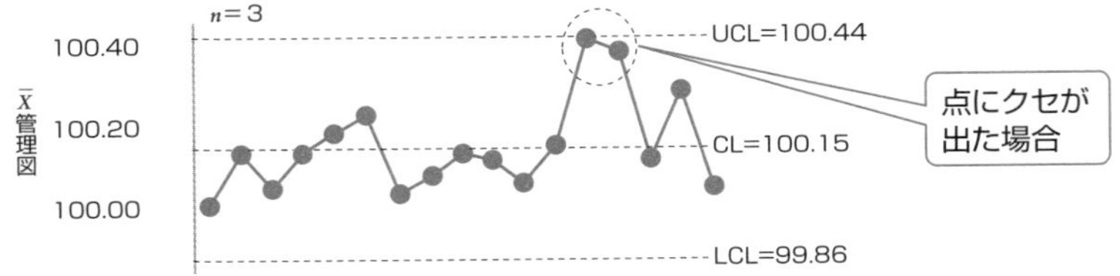

異常データへの対応

異常データは次のようなところで出現します。

・ヒストグラムを書いたときに、少し離れて右側か左側に**離れ小島**として出現します。

・散布図を書いたときに、1つの集団から離れた1点として出現します。

・管理図を書いたときに、**点のクセ**として片側に偏って出現します。

異常データの混在が、測定ミスや他のデータの混在であることがわかった場合、そのデータを外して解析を進めます。そうでなければ、異常データが出現したデータの記録を調べてその原因を探します。

◎異常値への対応

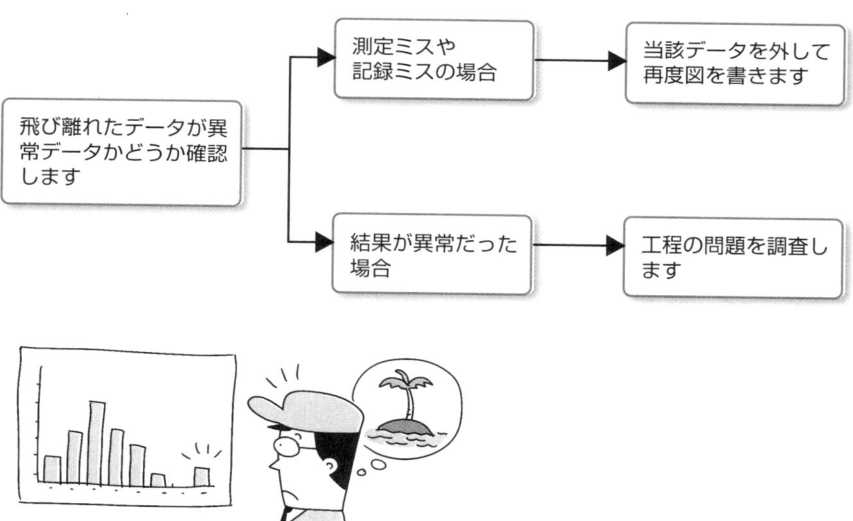

異常値、離れ小島、点のクセ

8-3 ブレーンストーミング

ブレーンストーミングとは、複数の人たちが議論し、多くの情報を引き出す手法であり、特にアイデアを出すときに有効です。実際にはブレーンストーミングの4原則を守って進めます。

● ブレーンストーミングとは

ブレーンストーミングとは、複数の人たちが共同作業でアイデアを出していく、集団発想法の1つです。1930年代後半に米国の広告会社BBDO社の副社長だったアレックス・オズボーンが発案した手法です。

具体的には、下の図に示すように、全員からお互いの顔が見える、記録したものが見える、車座に座ることができる場所を設定します。参加者数は4〜6名が適切であり、参加者の中から司会と書記を決めます。アイデアを出しているときは、**ブレーンストーミングの4原則**を守って多く出すことがポイントです。

◎ブレーンストーミングとは

● ブレーンストーミングの４原則

❶批判厳禁　：出されたアイデアに対して良い悪いの批判をしてはならない。

❷自由奔放　：1つの視点だけでなく、あらゆる視点からアイデアを自由奔放に出す。

❸大量生産　：アイデアの数が多ければ多いほど質の良いアイデアが出る。

❹結合・便乗：他の人のアイデアをヒントにして新しいアイデアを出す。

● 発想力を高めるジョハリの窓

人の意見に耳を傾け、自分の意見をみんなに話し、お互いが議論することによって、新たな発想が生まれます。これを**ジョハリの窓**といって、自分と他人の知っている部分と知らない部分から4つの窓を設定します。窓を順次開いて新たな発想を引き出そうというものです。

◎ジョハリの窓と発想力を高める３つの行動

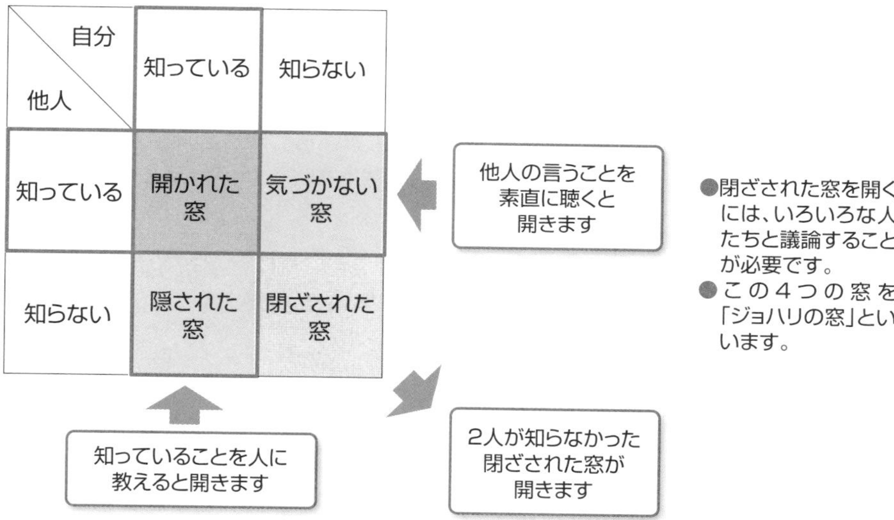

ブレーンストーミング、ブレーンストーミングの４原則
批判厳禁、自由奔放、大量生産、結合・便乗
ジョハリの窓

問題
8 データの活用と見方

次の文章において、[　　] 内に入る最も適切なQC七つ道具の手法を下欄の語群から1つ選び、その記号を解答記入欄に記入してください。ただし、各選択肢を複数回用いることはありません。

(1) 測定値の存在する範囲をいくつかの区間に分け、その区間に属するデータの数を集め、その度数を棒グラフで表した図であり、データのばらつきがわかる手法です。 [1]

(2) 結果と原因の関係を表した図であり、問題の原因を整理できる手法です。 [2]

(3) 2つのデータの関係がわかる手法です。 [3]

4) 工程において自然のばらつきと異常原因によるばらつきを区別して管理していき、工程の状態が異常かどうかを見つける手法です。 [4]

5) 問題となっている不良や欠点、クレームなどを現象別に分類してデータをとり、その現象の多い順に並べることで、重要な問題がわかる手法です。 [5]

[選択肢]

ア. パレート図　イ. 特性要因図　ウ. ヒストグラム　エ. チェックシート
オ. グラフ　カ. 散布図　キ. 管理図

[解答記入欄]

1	2	3	4	5

(問題⑧の解答➡p.162)

問題 9

平均とばらつきの計算

次の文章において、[　] 内に入る最も適切な値を下欄の語群から1つ選び、その記号を解答記入欄に記入してください。ただし、各選択肢を複数回用いることはありません。

数値　3.2、4.5、3.3、5.0
平均値 [6]　範囲 [7]

[選択肢]

ア．1.7　イ．1.8　ウ．2.0　エ．4.0　オ．4.5　カ．4.2

[解答記入欄]

6	7

(問題⑨の解答➡p.162)

MEMO

第 III 部

企業活動の基本編

先生とお客様

皆さんが過ごしている（いた）学校生活と、学生の皆さんにとってはこれから新しく経験することになる会社生活とは、どのような違いがあるのでしょうか。この相違点を認識することによって、会社生活の特質を考えてみましょう。

学校生活は、授業料を払って先生に教えてもらうという、どちらかというと受身的なものであったと思います。

しかし会社生活では、自分の労働によりその対価として給料をもらうこととなり、あなたの姿勢が前向きかどうかで、その対価が大きく左右されることとなります。

生活をするうえで、あなたの相手の人もあなたの立場も大きく変わってきます。学校生活での相手は、勉強を教えてもらう先生（勉学のプロ）であるのに対し、会社生活での相手はお客様に変わり、お客様からのご依頼やお問い合わせに対して、会社を代表してあなたが受付をしたりお答えをするプロの立場に変わります。

会社生活においては、あなたの相手はお客様、あなたの立場はプロだということを十分認識しておきましょう。

第 9 章

企業活動

製品づくりやサービス提供はQCD同時達成で行い、
業務を遂行するのに「報・連・相（ほうれんそう）」
を基本にします。

9-1 製品とサービス

良い商品（サービス提供を含む）は、製品とサービスとの二人三脚でこそ良さが発揮されます。サービスには、ビフォアサービスとアフターサービスがあり、そこで得られた情報を次の製品開発に活かせます。

● 良い製品に欠かせないサービス

製品が良いのはもちろんのこと、**サービス**も製品の機能（はたらき）を十分に発揮させることを目的にしています。商品の誤用や乱用の防止、販売後のアフターサービスなど、品物に直結したサービスはもちろんのことです。良い製品に適切なサービスが加わってこそ、良い**商品**となります。

また、企業の中での経理、労務、総務など事務部門においても、業務の管理改善を図るため、後工程はお客様という考え方に立って、自分の担当する「業務の質」「仕事の質」を意識し、その業務の機能や役割を認識しなければなりません。サービス提供そのものを業務（仕事）とする情報通信や運輸配送、さらには電力供給、ホテル、流通販売業、ソフトウェアデザインなどにおいても、お客様の満足を得ることを目指してサービスの品質向上に取り組んでいます。

◎製品とサービス

● サービスから得られる情報を製品づくりに活かす

ビフォアサービスやアフターサービス時に得られるお客様の要望をもとに、市場動向や技術動向を考慮して、お客様に保証できる製品づくりを行うことが大切です。

例えば、お客様からクレームが寄せられたとき、そのクレームに対して処置を施すアフターサービスが充実していることはもちろんです。さらに、このクレーム情報がデータベース化され、製品企画に取り入れられるしくみをつくっていくことが、品質保証活動ともいえます。

◎お客様に納得していただける2つのサービス

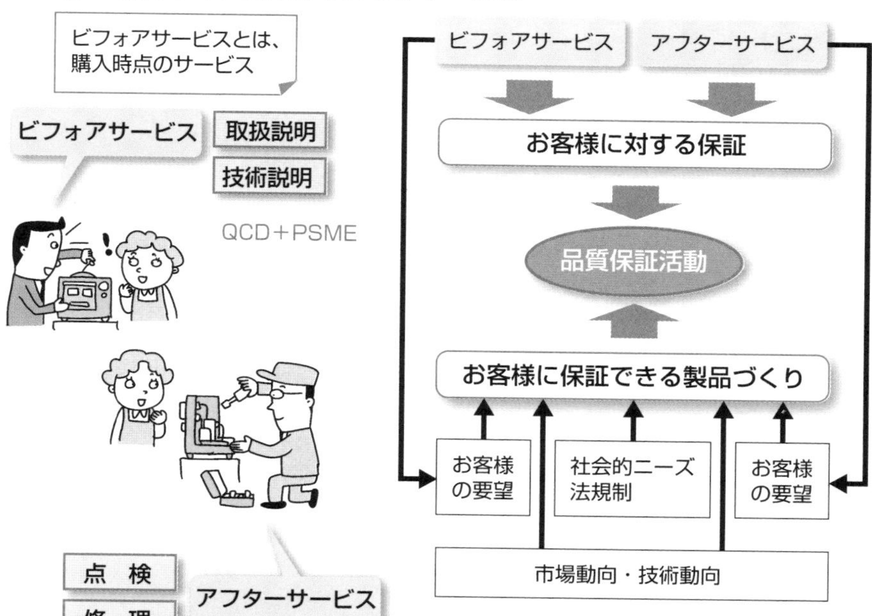

製品、サービス、商品、ビフォアサービス、アフターサービス

9-2 職場における総合的な品質(QCD+PSME)

QCD+PSMEとは、品質(Quality)、コスト(Cost)、納期(Delivery)、生産性(Productivity)、安全(Safety)、モラール(Morale)、環境(Environment)のことです。

QCD+PSMEとは

私たちが働く職場、特にものづくりの職場では、安全な職場で安定したものづくりを行うために、たくさんの管理すべき事柄(項目)があります。一般的には、QCD+PSMEが代表的な職場の管理項目で、これらの項目についての管理グラフなどが職場の掲示板に多く掲示されています。

◎QCD+PSMEとは

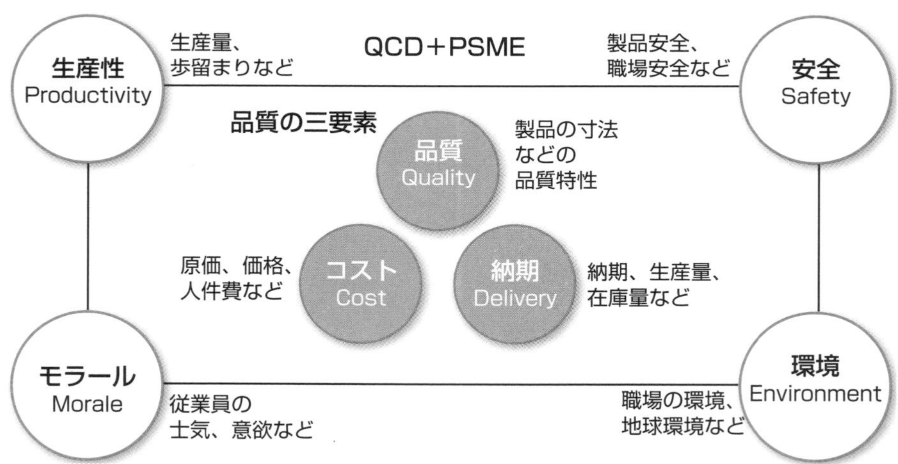

QCD+PSMEの各要素

● Q(品質：Quality)

例：製品や部品の歩留まり、工程や機械の不適合品率・個数、作業者別の不適合件数など。

C（原価・コスト：Cost）

例：部品別の原価低減目標の達成率、職場の予算と実績の差異など。

D（納期：Delivery）

例：客先納期の達成率、職場内在庫数の推移など。

P（生産性：Productivity）

例：1人当たりの出来高（生産数）、1時間当たりの生産高など。

S（安全：Safety）

例：職場における労働災害の発生件数、無災害継続稼動時間、ヒヤリ・ハット申請件数など。

M（志気・モラール：Morale）

例：欠勤率、個人別出勤状況、個人別改善提案件数など。

E（環境：Environment）

例：公害予防面での指摘事項、騒音や室内温度の状況など。

◎QCD+PSMEの各要素

職場の管理項目QCD+PSME

Q（品質）：工程や機械の不適合品率・個数 など
C（原価）：予算と実績 など
D（納期）：客先納期の達成率 など
P（生産性）：出来高 など
S（安全）：労働災害発生件数 など
M（士気）：改善提案件数 など
E（環境）：騒音や温度 など

QCD+PSME

9-3 報告・連絡・相談（ほうれんそう）

報告・連絡・相談（ほうれんそう）とは、企業で多くの人たち（従業員）の活動を効果的に進めるための基本となるものです。

● 報告・連絡・相談（ほうれんそう）とは

企業は、多くの人たち（従業員）の集合体です。多くの人たちが効果的に企業目標を達成するために組織が構成され、企業活動が行われます。そして、その組織では上位（上司）からの指示と命令の下で業務が遂行されます。その業務の流れを円滑にするための潤滑油的な役割を果たすのが「報告・連絡・相談」です。この報告・連絡・相談を略して「ほうれんそう（報連相）」と呼ぶ企業が多くあります。

指示・命令されたことに対し、上司・先輩や同僚、業務を依頼した取引先（お客様）などに、タイムリーにその経過や現況、そして結果を知らせることは、業務を遂行するうえで重要です。また、流動化するビジネスの現場では不測の事態も発生します。この不測の事態の被害を最小限にするためにも、報告・連絡・相談は大切なことです。

◎ほうれんそう（報告・連絡・相談）とは

“ほうれんそう”って……？

業務を遂行するうえで、タイムリーな
“報告”と“連絡”と“相談”は重要な要素です。
この3つの要素を“ほうれんそう（報連相）”といいます。

● 報告・連絡・相談（ほうれんそう）の各ポイント

報告・連絡・相談（ほうれんそう）の各ポイントは次のとおりです。

1）報告時のポイント

課せられた業務が終了したら、指示・命令した人に直ちに報告します。業務が長期にわたる場合は、業務の進捗状況（進み具合）、そして今後の取り組み方などについての中間報告をすることも大切です。また、あらかじめ決められた納期が守れない場合、業務遂行過程でミスやトラブルが発生した場合なども、タイムリーに報告して指示を仰ぐことが重要です。

報告は、わかりやすく、要点を確実に伝えることが大切です。報告は口頭で行うのか、書面で行うのかなど、状況に合わせてその方法を選択したり、工夫したりすることも重要です。また、必要に応じて現物で説明する、図やグラフなどを用いて説明するなど、相手に適切に伝えるための工夫も考えたいものです。

◎報告時のポイント

“報告”のポイント

- 業務が終了したら、指示・命令した人に直ちに結果を報告します。
- 業務が長期にわたる場合は、現況について中間報告を行います。
- 決められた納期が守れないとき、ミスやトラブルが発生したときは、状況をタイムリーに報告します。

＊報告は“わかりやすく”要点を“確実に”伝えることが重要です。

2）連絡時のポイント

連絡の相手は、内容は、重要度は、緊急度は……など、状況を考慮して適切な方法を選ぶ必要があります。また、連絡を密にすることで、トラブルを未然に防ぐことができたり、万が一トラブルが発生しても被害を最小限に食い止めることにもなります。

◎連絡時のポイント

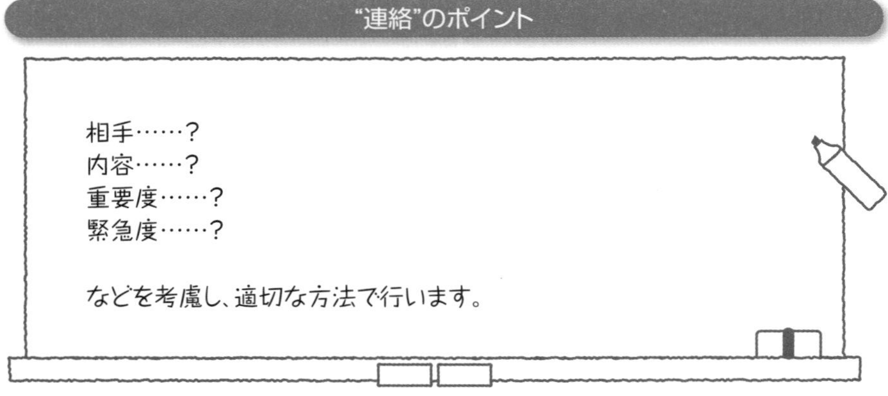

● クレーム対応で感心させられたケース（例）

❶**某銀行**：通帳をつくったとき、フリガナの間違いを指摘すると、ちゃんと謝ってくれて、「フリガナを見ていませんでした」と正直に言った。

❷**ある通信販売会社**：2年ほど前に買った服が、着ているうちに片手だけほつれてきたことを指摘すると、返品交換してくれた。

❸**某航空会社**：旅行会社のとった席が夫婦で離れていた。すると2人分をビジネス席に替えてくれた（旅行会社は対応してくれなかった）。

❹**大阪の鉄道会社**：ラッシュ時に電車に乗る際に押されて転んだことがあったが、怪我がなかったかどうかの確認とお詫びのため自宅まで来てくれた。

3) 相談時のポイント

業務を遂行していくと問題が発生したり、自分で判断できないことも多く出てきます。このとき、自分一人で迷ったり考え込んだりせず、困ったときは先ず上司や先輩に相談することが大切です。自分で勝手に判断すると大きな問題に発展することもありますので、先ず相談することを心がけましょう。

相談する場合は、何を相談するのかを明確にし、必要があれば資料やデータなどを準備することも大切です。また、解決するための自分の考えや対応策を用意しておけば、より適切なアドバイスを受けることができます。

◎相談時のポイント

“相談”のポイント

・業務遂行上で困ったときは、相談の内容を明確にし、上司や先輩に相談します。
・相談時は、資料やデータを準備して、自分の考えも用意すればベストです。

＊勝手な判断は“大きな事故”につながります。

● こんなサービスいらない、と感じたケース（例）

❶愛車セット：自動車を購入すると愛車セットなるものがついてくることがあるが（しかも有料）、あれはムダである。

❷某鉄道会社の駅員の挨拶：JRの改札で「ご利用ありがとうございます」などと大声で叫んでいる駅員。うるさいし、邪魔。

❸某百貨店：ゆっくり見ていたいのに、客につきまとう販売員。これでは、買うつもりで来ても買う気がなくなる。

ほうれんそう（報告・連絡・相談）

9-4 5W1H

5W1Hとは、What(何を)、When(いつまでに)、Who(誰が)、Where(どこで)、Why(どうして)、How(どのように) の6つの要素で仕事を進めていくことです。この6つの頭文字をとったものです。

職場で、「報告は5W1Hで明確にするように」「改善活動は5W1Hで抜けのないように」など、**5W1H**という言葉が日常よく使われます。5W1Hとは、下の図のように、6つの要素の英単語の頭文字である、5つのWと1つのHのことをいいます。

私たちの行動（アクション）には、これらの6つの要素が必ず存在します。しかし、人間はある行動を観察したり考えたりするとき、この6つの要素のうち特に印象の強い要素や、特に重要と思っている要素だけについて考えてしまう傾向があります。このため、実態を調査するとき、問題のある行動を見逃してしまいます。また、仕事の計画を立てるときなどに、不要な行動をしがちです。私たちが行動を起こすときには、常にこの5W1Hの要素が盛り込まれているか？　という視点で行動を見つめ直し、行動に漏れがないように心がけることが大切です。

◎5W1Hとは

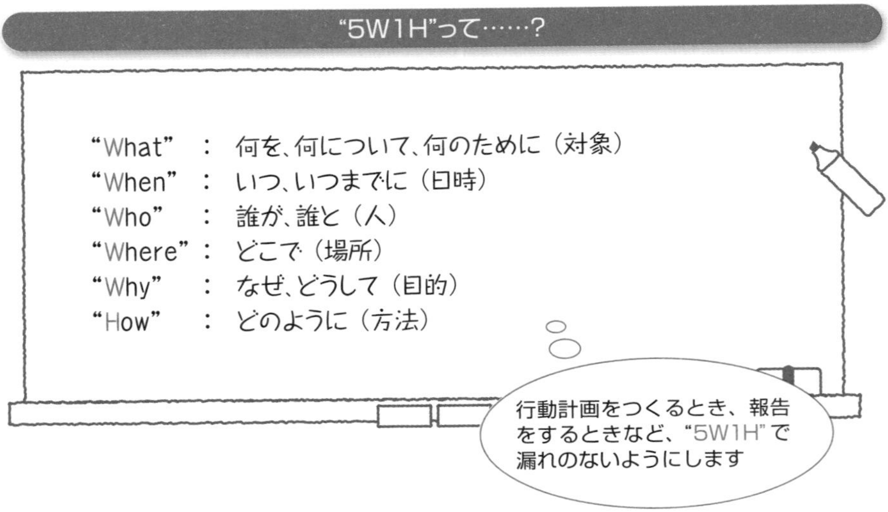

"5W1H"って……？

"What"　：　何を、何について、何のために（対象）
"When"　：　いつ、いつまでに（日時）
"Who"　：　誰が、誰と（人）
"Where"：　どこで（場所）
"Why"　：　なぜ、どうして（目的）
"How"　：　どのように（方法）

行動計画をつくるとき、報告をするときなど、"5W1H"で漏れのないようにします

● 英語の略字を覚えよう

PDCA：

改善のサイクル。P（計画）、D（実施）、C（確認）、A（処置）

SDCA：

維持のサイクル。S（標準）、D（実施）、C（確認）、A（処置）

4M：

Man（人）、Machine（機械）、Material（材料）、Method（方法）

QCD+PSME：

Q（品質：Quality）、C（コスト：Cost）、D（納期：Delivery）、
P（生産性：Productivity）、S（安全：Safety）、M（モラール：Morale）、
E（環境：Environment）

5W1H：

What（何を）、When（いつまでに）、Who（誰が）、Where（どこで）、
Why（どうして）、How（どのように）

5S：

整理、整頓、清掃、清潔、躾（しつけ）

5W1H、5S：整理、整頓、清掃、清潔、躾

9-5 三現主義

三現主義とは、問題が発生したときなどに“現場”に行って、“現物”を見て、“現実”を知ることをいいます。この3つの“現”をとって、三現主義といいます。

職場では、「三現主義に徹してほしい……」などという言葉がよく会話の中に出てきます。この**三現主義**とは、「いま起こっている“**現場**”で、“**現物**”を見ながら、“**現実**”を知る」ということで、この3つの“現”をとったものです。品質管理活動は事実に基づく行動が基本ですので、この三現主義という言葉は日常的に使われます。また、この3つを大切にしつつ行動することで、的を射た問題の解決や改善活動が着実に進むことにつながります。

◎三現主義とは

● 10円玉は丸いか？

「10円玉は“丸い”か?」——こんな質問をしてみました。

「そうだよな、丸いなあ、当たり前だよ」と断定的に答える人。

「丸くないのかなあ」と疑問を口にする人。

“ポケットに手を突っ込んで10円玉を探し出して”現物を確認する人。

ほとんどの人が、1番目の断定的な答えをします。ところが、10円玉を眺めていた人から声が上がりました。「あ、四角だ!」。そう、10円玉は手のひらに置くと“丸”です。でも、横から見れば“長方形”です。

1番目の「丸い、当たり前だよ」と答えた人よりも、2番目の「丸くないのかなあ」と疑問に感じた人のほうが、少しは見込みがあります。

3番目の「現物を確認」する人。この人は、自分の頭の中では“丸い”と信じているものの、改めて問われたのだから何か別の答えがあるのではないか、と疑問に感じ、それを自分で確かめてみようと行動しました。このような人たちが、何かを見つけてくれるはずです。

◎10円玉は丸いか？

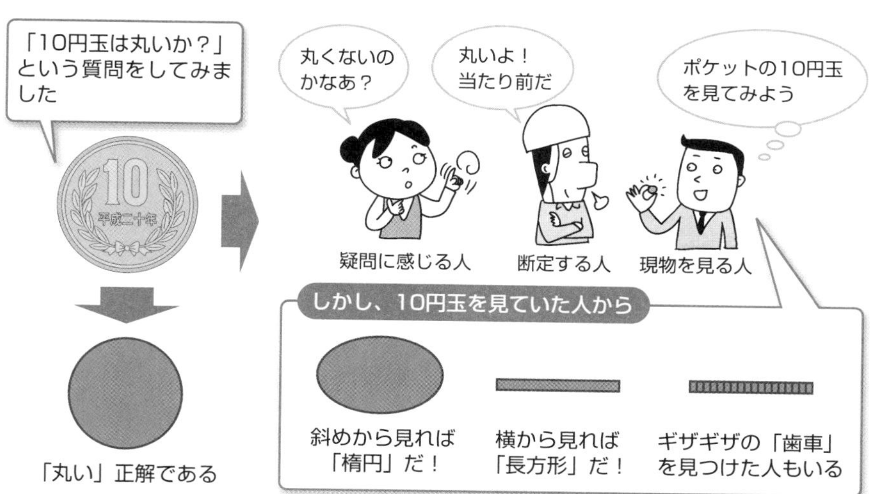

三現主義、現場、現物、現実

9-6 5ゲン主義

三現主義に“原理”と“原則”を加え、3つの現と2つの原を組み合わせて“5ゲン主義”といいます。「ゲン」はカタカナを使うのが一般的です。

現場において、いま起こっている状況を漫然と見ていても、問題の発見や理解はできません。三現主義で状況をしっかり把握し、その把握した事実を原理・原則に照らしてみると、原因が見えてきます。

三現主義に“**原理**”と“**原則**”を加え、3つの“現”と2つの“原”を組み合わせて“**5ゲン主義**”といいます。

スポット溶接を例に原理と原則を考えてみると、以下のようになります。

原理……鉄に大電流を流したときに発生する熱で鉄を溶かし、圧力をかけ、冷却し、結晶化させることによって接合します。

原則……鉄が溶ける温度になるような、大きな電流を流します。

◎理屈を知る5ゲン主義

原理	認識を成り立たたせる根本となるしくみ
原則	多くの場合に当てはまる基本的な規則・法則
現場・現物・現実	（三現主義）
5ゲン主義	

三現主義に“原理”と“原則”を加えます

● もぐら叩きのもぐらが出ないようにするには

「ゲームセンターのもぐら叩きのもぐらが出ないようにするには、どうすればいいでしょうか」

こんな問いに、「コンセントを抜けばいい」とほとんどの人が答えるでしょう。

「もぐらの穴を板でふさぐ」などと答える人はいないはずです。

なぜなら、「ゲームセンターのもぐらは、モーターが電気で動いているから出てくる。その電気は、コンセントから供給されている」というメカニズムを知っているからです。

モグラたたきのモグラが出てくる"原理"です。

この原理は誰もが知っているしくみです。

◎もぐら叩きのもぐらが出ないようにするにはどうすればいい?

5ゲン主義、原理、原則

問題 10 企業活動

次の文章において、[ ] 内に入る最も適切なものを下欄の語群から1つ選び、その記号を解答記入欄に記入してください。ただし、各選択肢を複数回用いることはありません。

(1) 良い商品（サービス提供を含む）は、製品とサービスとの二人三脚でこそ良さが発揮されます。サービスには、[1] とアフターサービスがあり、そこで得られた情報を次の製品開発に活かせます。

(2) 企業において、多くの人たち（従業員）の活動を効果的に進めるための基本となるものが、報告、連絡、相談です。これを [2] といいます。

(3) What（何を）、When（いつまでに）、Who（誰が）、Where（どこで）、Why（どうして）、How（どのように）の6つの要素で仕事を進めていきます。この6つの頭文字をとって [3] といい、計画を立てるときなどに活用します。

(4) 問題が発生したときなどに“現場”に行って、“現物”を見て、“現実”を知ることを [4] といいます。これに [5] と“原則”を加え、3つの現と2つの原を組み合わせて“5ゲン主義”といいます。

[選択肢]

ア. プレミアムサービス　イ. ほうれんそう　ウ. 原因　エ. ほうれんまい
オ. 原理　カ. 三現主義　キ. 三元主義　ク. ビフォアサービス　ケ. 5W1H

[解答記入欄]

1	2	3	4	5

(問題⑩の解答➡p.162)

第10章

企業の周辺活動

企業活動を行ううえでは、社会人としての企業生活の
マナーがあり、職場の環境は5Sを徹底して、
安全な職場を目指します。

10-1 企業生活のマナー

マナーは企業活動の場で、人と人とのコミュニケーションなど、人間関係を円滑に進めていくために欠かすことのできないものです。

私たちのマナーの善し悪しが、企業のイメージを大きく左右し、企業の品位を築き上げたり損なったりすることにもつながっていくのです。企業が提供する商品と同様に、**ビジネスマナー**も企業の大切な商品といえます。

私たちの良質な言動の一つひとつが、お客様に好感を与え、信頼関係に結び付くことをよく認識しましょう。企業生活のマナーには、次ようなものがあります。

◎企業生活のマナー

- 時間を守る
- 挨拶をする
- 言葉遣いに注意をはらう
- 服装をきちんとする
- 公私のけじめをつける
- 業務に対する心構えをしっかり持つ
- 職場というチームの一員であることを自覚する

時間を守る

企業では就業時間が決められています。時間をルーズにすることは周りの人たちに迷惑をかけることになります。就業時間の開始時刻には、直ちに業務を開始できる状態になっていなければなりません。休憩時間と業務時間のけじめをつけることも大切です。また、就業時間中はムダが発生しないよう、効率的に仕事に取り組むことも企業人にとって重要なことです。

◎時間を守る

●時間を守る（ルールを守る）

時間をルーズにすると周りの人たちに迷惑をかける!!

- 休暇はあらかじめ連絡し、承諾を得る
- 急な用件での当日休暇は、わかった時点で直ちに連絡
- 就業開始時刻は作業開始時刻
- 休憩時間と業務時間のけじめをつける

●規則と道義

“職場規律（規則）”は従業員としての道義の“最低基準”

規　　則	道　　義
外部から与えられた基準	自発的に定めた基準
集団統制基準	自己統制基準
規制的基準	良心的基準
成文的基準	不文的基準

● 挨拶をする

気持ちのいい挨拶は自分の心、そして相手の心も開きます。職場での人間関係を円滑に保つためにも、大きな声で挨拶を交わすようにしたいものです。朝は「おはようございます」、帰りには「お先に失礼します」、前日に行事などがあったときは「昨日はお世話になりました。ありがとうございました」、休暇をとった次の日には「昨日はご迷惑をおかけしました」など、自分から積極的に挨拶を交わすようにしましょう。

◎挨拶をする

●挨拶をする
気持ちのいい挨拶は自分の心、相手の心も開く!!
朝　：「おはようございます」
帰り：「お先に失礼します」
行事などの次の日：「昨日はお世話になりました」
休暇の次の日　　：「昨日はご迷惑をおかけしました」

●正しいおじぎ
・会釈　：廊下などですれちがったお客様や上司への軽い礼
・敬礼　：普通礼（一般的な礼）
・最敬礼：あらたまった挨拶

初対面の相手をあなたが観察することはどんなことか考えてみましょう。“相手に良い印象を与える5つのポイント”としては、

❶身だしなみ
❷態度
❸言葉遣い
❹仕事の仕方
❺約束を守る

です。この5つのポイントをもって挨拶を行います。

言葉遣いに注意をはらう

上司や先輩には敬語で接することが大切です。また、たとえ年下の人でも、十分に知り合えていない人に対しては名前を呼び捨てにせず、相手を敬うことを忘れずに、「佐藤さん」などときちんと“さん”をつけて呼ぶようにすることが大切です。

◎言葉遣いに注意をはらう

上司や先輩には敬語で。親しき仲にも礼儀あり!!

同僚間	目上の人	お客様
ない	ありません	ございません
そうだ	そうです	さようでございます
そのとおりだ	そのとおりです	そのとおりでございます
知らない	知りません	存じません
わかった	承知しました	かしこまりました
待ってくれ	待ってください	お待ちください
してくれないか	していただけませんか	お願いできませんでしょうか
来てくれ	来ていただけませんか	ご足労願えませんか
どうだ	どうでしょうか	いかがでしょうか
行くよ	参ります	お伺いいたします

●“ぼく”はやめよう、“私”にしよう

自分のことを指すのに“ぼく”はやめて“私”にしましょう。“ぼく”は親しみがあっていいので、仲間内で使うのは構いませんが、上司の前や公式の場では安っぽく見られるので、自分のことは“私”にしましょう。特にお客様の前では“わたくし”にしましょう。

服装をきちんとする

企業人は清潔な身だしなみが基本です。機械を操作するなど、特にものづくりの職場では危険を伴う作業もたくさんあります。そういった職場では、危険作業などを考慮した制服が決められているのが一般的です。決められた服装を決められたとおり着用することが大切です。

◎服装をきちんとする

●清潔な身だしなみが基本
・定められた服装で勤務をしていますか……？
・制服はきれいに保たれていますか……？
・ボタンはきちんとはめられていますか……？
・名札など着用が義務付けられているものは……？
・頭髪は機械に巻き込まれるほど長くありませんか……？

●動作や態度
・ポケットに手を入れて歩行や会話をしていませんか……？
・姿勢はどうですか……？

● 相手に良い印象を与える5つのポイントとスローガン

初対面の相手をあなたが観察するときはどんなことに注目するか考えてみましょう。相手に良い印象を与える5つのポイントは次のとおりです。

❶身だしなみ
❷態度
❸言葉遣い
❹仕事の仕方
❺約束を守る

● 公私のけじめをつける

機械設備からメモ用紙に至るまで、企業で使用するもの、支給されるものはすべて企業の財産です。自分のもの、企業のもの、この公私のけじめをきちんとつけることが大切です。

・会社のもの、自分のものをはっきり分けて管理する。

・就業時間内（公の時間）は最大の成果を出せるよう努力!!

◎公私のけじめをつける

●公私のけじめって…
機械設備や備品（工具など）は会社のものです。
また、拘束時間内は会社へ労働を提供する時間であり、
"公"ということになります。
会社のもの、会社の時間、そして私的なもの、私的な時間、
このけじめをきちんとつけることが大切です。

● 人と話すときは、1分間で約300字を目安にします！

標準的な話すスピードは、1分間に270～300字です。

300字の作文を書いて、1分間で読んでみます。

標準的な話すスピードを知ると同時に、自分の話すリズムとスピードや息継ぎのタイミングなどを知っておくといいです。

3分間スピーチでは、約900字を目安にすればいいです。

● 業務に対する心構えをしっかり持つ

企業では、働く対価として賃金が支払われます。企業が皆さんに賃金を支払うということは、その業務のプロフェッショナルとして認めているわけです。常にプロフェッショナル（プロ）としての心構え（自覚）をしっかり持ち、業務遂行にあたらなければなりません。

◎業務に対する心構えをしっかり持つ

"組織人としての自覚"を持ち、"責任感を持った仕事"をする!!

● "組織人としての自覚"って……?

社会的役割 ➡ 会社の代理、イメージの創造、信用の分担

内部的役割 ➡ 職務分担の遂行、上司への補佐、同僚への協力、後輩の指導、良い対人関係づくり

● "責任感を持った仕事"って……?

・決められたことを守る
・良心的に仕事をする
・仕事を最後までやりとげる
・自ら進んで仕事をする
・仕事のやり方を工夫する

● 個人と組織

学校生活においては、その目的が勉学であることから、性格が合わない人とは付き合うことなく、自己中心で目的を達成することもできました。

しかし会社生活においては、その目的を達成するためにいろいろな分野の知識や能力、技術が必要となるので、私情を越えてそこに働く全員が一致協力していかなければなりません。つまり、組織の構成員としての自分を自覚することが大切です。

● 職場というチームの一員であることを自覚する

職場は、人の集まりで形成されており、課せられた職場の目標を達成するためにはチームワークが必要です。職場での自分は職場というチームの一員である、ということを常に意識して行動することが大切です。そのためには、他人の立場を尊重し、自分の過ぎた利欲を抑え、職場全体の成果を高めるように努力することが必要であり、これがチームワークの精神です。

チームワーク力を高めるポイントは次のとおりです。

・職場の目標、方針、計画などをよく理解する。
・自分の責務を自覚し、その遂行に最大の力を注ぐ。
・他人の責務を理解し、尊重する。
・他の人への協力を惜しまない。
・お互いに好意を持ち合い、信頼を寄せ合う。……など

◎職場というチームの一員であることを自覚する

課せられた職場の目標を達成するためにはチームワークが必要!!

●チームワーク高めるポイントって……?
・職場の目標、方針、計画などを理解する
・自分の責務を自覚し、その遂行に最大の力を注ぐ
・他人の責務を理解し、尊重する
・他の人への協力を惜しまない
・お互いに好意を持ち合い、信頼を寄せ合う　……など

ビジネスマナー、時間、挨拶
言葉遣い、服装、公私のけじめ、心構え
チームの一員

10-2 5S

5Sとは、整理(Seiri)、整頓(Seiton)、清掃(Seisou)、清潔(Seiketu)、躾(Situke)のことです。

5Sとは、整理(Seiri)・整頓(Seiton)・清掃(Seisou)・清潔(Seiketu)・躾(Situke)のことで、これらはローマ字で書くとすべてSから始まるので、この5つのSから通称5Sといいます。

5Sのゆきとどいた職場は、品質や安全面などに良い影響を与え、躾のゆきとどいた職場は、永続的に問題を最小限にすることもできます。また、改善活動を進めるためには、どの問題に着眼するか、改善の種を探すことから始まるわけですが、改善すべき職場が乱雑で汚れていたのでは、改善の種を探すことも難しくなります。

◎5Sで仕事の環境を整える

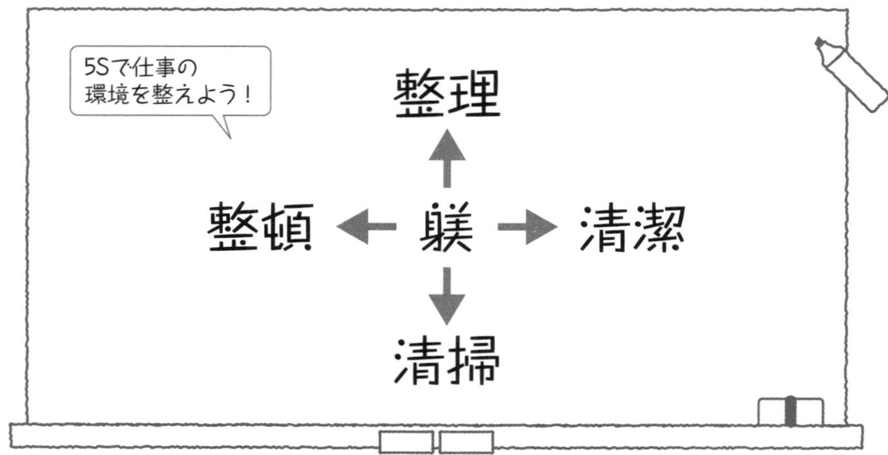

●なぜ5Sが品質向上に有効なのか

最初は2S（整理・整頓）から始め、さらにこの2Sに清掃・清潔をプラスし（4S）、それを習慣にする躾をプラスして（5S）、この5Sで仕事の環境を整え、安全な職場づくりや品質向上に努めていくことが大切です。

・**整理**：必要・不必要および良・不良を区分する。
・**整頓**：必要なとき必要なだけ取り出せるようにする。
・**清掃**：ゴミをなくし美しい職場にする。
・**清潔**：ゴミのない状態を保つ。クリーンな状態を保つ。
・**躾**　：上記4項目を自然体で実施できるようにする（習慣化）。

◎なぜ5Sが品質向上に有効なのか

整理：不良な冶具・工具・部品などの使用による不良発生防止
整頓：誤品（異品）混入の防止、
　　　ほこりや湿気などによる製品品質劣化の防止
清掃：機械設備、測定器の精度維持
清潔：製品の汚れを防ぐ
躾　：正しい仕事ができる ➡ お客様からの信頼

5S、整理（Seiri）、整頓（Seiton）、清掃（Seisou）、清潔（Seiketu）、躾（Situke）

10-3 安全衛生（ヒヤリ・ハット、ハインリッヒの法則）

品質の良い製品やサービスをつくり出すためには、その職場の人々が健康で安全に仕事ができることが前提になります。そのため、安全衛生の指針（ヒヤリ・ハット、ハインリッヒの法則）があります。

品質の良い製品やサービスをつくり出すためには、その職場の人々が健康で安全に仕事ができることが前提になります。働く人たちが命や健康を損なうことが絶対にあってはならないということです。人の命は地球よりも重く、命の尊さはどんな人であっても違いはないのです。「安全はすべてに優先する」という考えがありますが、これは、事故やケガを恐れながら仕事をするような危険な職場では、安心して良い製品をつくることはできないということです。

◎安全第一の活動

尊い生命と健康に被害があってはなりません。

安全はすべてに優先します。

●"安全第一"って……？

安全はすべてに優先する、という意味を込めたスローガンです。
労働災害の多くは本人の不注意によって発生しています。
企業として従業員として、"安全に"という意識を常に持って、
業務に従事することが大切です。

● ヒヤリ・ハットとは

職場の中を歩いているときにも、ケガをしそうになる場面に遭遇します。そのとき我々は、“ヒヤリ”としたり“ハッ”としたりします。多くの場合は、このヒヤリ・ハットだけでケガには至らずに済んでいます。労働災害や通勤災害をなくすためには、災害の前触れであり警告でもあるヒヤリ・ハットをなくしていかなくてはなりません。

● ハインリッヒの法則（1：29：300の法則）

イギリスの保険会社の安全技師だったハインリッヒは、約5万件の災害を分析し、発生する重大な（重症者を出す）災害1件に対し、軽微な（軽症者を出す）災害（赤チン災害ともいう）が29件あり、災害に結び付かなかった事故が300件発生しているという、“ハインリッヒの法則”を発表しました。重大災害1件の裏には、300件のヒヤリ・ハットがあるということです。したがって、この300件のヒヤリ・ハットをなくさない限り、1件の重大災害はなくならないということで、企業ではこのヒヤリ・ハットをなくすべく努力をしています。

◎ハインリッヒの法則

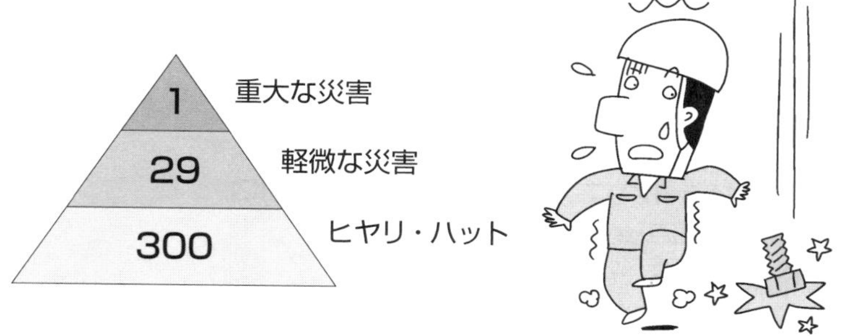

安全、ヒヤリ・ハット、ハインリッヒの法則

10-4 規則と標準（就業規則を含む）

規則と標準によって、業務のやり方や考え方が決められています。ここには就業規則も含まれます。規則や標準における基本的な考え方が品質意識と原価意識です。お客様は、価格で買うのではなく、価値で買います。

● 品質意識と原価意識

見たこと、聞いたことなどは、目・耳・口・鼻・手という五感を通して記憶し、頭脳に知識として刻まれます。この刻まれた知識は静的なものであり、これを動的な形、つまり行動に変えるのが意識です。知識を行動レベルにまで高める働きを「意識化」といい、この意識化により頭脳に刻まれた知識が実用の場面で使われることになります。私たちは、不適合品をつくったりそれを後工程に流したりするのは悪いことだ、という意識は持っていますが、現実には起こってしまいます。これは、悪いという意識があっても、十分に意識化がされていないということだと思います。企業で働くプロとして、品質や原価について、しっかり意識化していくことが大切です。

◎品質意識と原価意識

記憶を知識に変え、知識を行動レベルにまで高めることが意識化です。
品質や原価を意識化して仕事に取り組むことが大切です。

●品質を意識化する
自分は品質問題で絶対にお客様に迷惑をかけない

●原価を意識化する
自分は時間や労力、材料などで絶対にムダを発生させない

● 品質を意識化する

自分は品質問題で絶対にお客様に迷惑をかけない、という品質意識をしっかり持つこと。そして、観念的に品質に注意をはらうのではなく、上司や先輩の指示に従う、作業標準をしっかり守る、5Sの徹底を図るなど、具体的な行動をしていくことが大切です。

● 原価を意識化する

自分たちがつくる製品の原価を上げるのはたやすいことです。職場で使う電気や水・空気、機械の油、また機械の操作や調整など、私たちの作業の1分1秒がすべて原価の要素です。ちょっと気を許すと原価はすぐに上がってしまいます。時間のムダ、労力のムダ、材料のムダなど、原価意識を持ち、身の回りの多くのことに注意をはらいながら、日々の仕事に取り組むことが大切です。

● 100ショップと高級ブランドの価値が同じ?

お客様が集まっているところで「100円ショップのバッグと高級ブランドのバッグ、どちらが欲しいですか?」と聞いてみました。全員、高級ブランドのバッグを指差しました。

「ところで、皆さんがお金を出してバッグを買うとしたら、どちらを選びますか?」と聞いてみたところ、高級ブランドのバッグを選ぶ人、100円ショップのバッグを選ぶ人に分かれました。

お客様は、**価格で選ぶのではなく、価値(品質+価格)**で選びます。

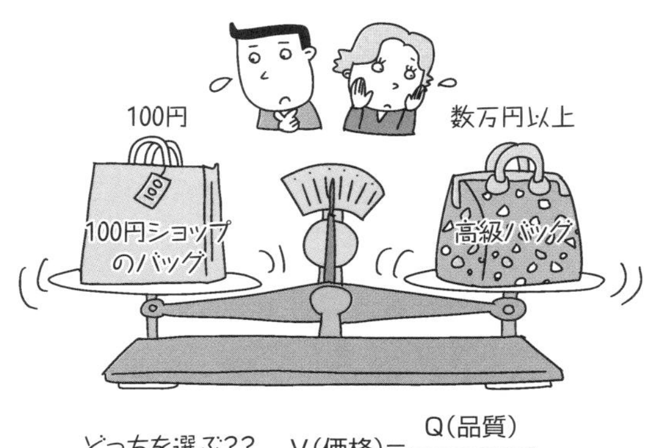

$$V(価格)=\frac{Q(品質)}{C(コスト)}$$

品質意識、原価意識、価値

問題 **11**

企業の周辺活動

次の記述について、正しいものには「○」を、誤っているものには「×」を解答記入欄に記入してください。

(1) 私たちのマナーの善し悪しが、企業のイメージを大きく左右し、企業の品位を築き上げたり損なったりすることにもつながっていくのです。企業が提供する商品と同様に、ビジネスマナーも企業の大切な商品といえます。私たちの良質な言動の一つひとつが、お客様に好感を与え、信頼関係に結び付くことをよく認識しましょう。

(2) 5Sとは、整理（Seiri）・整頓（Seiton）・清掃（Seisou）・清潔（Seiketu）・消毒（Syoudoku）のことで、これらはローマ字で書くとすべてSから始まるので、この5つのSから通称5Sといいます。

(3) 発生する重大な（重症者を出す）災害1件に対し、軽微な（軽症者を出す）災害（赤チン災害ともいう）が29件あり、災害に結び付かなかった事故が300件発生しているといいます。これをハインリッヒ法則といいます。

(4) ある日のことです。お客様と打ち合わせていたとき、所長が現場から戻ってきました。担当者は即座に立って、「お疲れさまです」と言ってすぐに椅子に座り、お客様と話の続きを始めました。

[解答記入欄]

(1)	(2)	(3)	(4)

(問題⑪の解答➡p.162)

問題①の解答 (p.28～29)

(1) イ. プロダクトアウト
(2) ケ. マーケットイン
(3) オ. 品質管理
(4) カ. QC
(5) キ. 当たり前品質
(6) エ. 魅力的品質

(7) タ. 問題
(8) シ. 課題
(9) ソ. 不満
(10) コ. 苦情
(11) セ. クレーム

問題②の解答と解説 (p.40)

(1) ×　計画（Process）ではなく「計画（Plan）」です。

(2) ×　ステップ（S：Step）ではなく「標準（S：Standard）」です。

(3) ○　正しいです。

(4) ×　原因点ではなく「点検点」です。

問題③の解答 (p.52～53)

(1)　カ．スパイラルアップ
(2)　イ．現状の把握
(3)　オ．要因の解析
(4)　キ．3M
(5)　ク．QCサークル会合
(6)　コ．重点指向
(7)　ア．パレート図

問題④の解答と解説 (p.62)

(1) ×　自分の工程は自工程といいます。主工程ではありません。

(2) ○　正しいです。

(3) ×　逆です。偶然原因によるばらつきは、自然にばらつくものであり、このばらつきを認識して仕事のやり方を決めます。異常原因によるばらつきは、異常原因を突き止めて仕事のやり方を変える必要があります。

問題⑤の解答 (p.72～73)

(1)　セ．検査
(2)　ア．基準
(3)　エ．適合
(4)　ス．適合品
(5)　ク．不適合
(6)　イ．不適合品
(7)　オ．ロットの合否
(8)　カ．受入検査
(9)　サ．工程間検査

問題⑥の解答と解説 (p.82)

(1) × 「その目的を明確にしておかないほうが標準を柔軟に使うことができる」
➡やはり、目的は明確にしておく必要があります。

(2) ○ 正しいです。

(3) × 「実施する関係者が十分に討議して標準を制定するよりも、スタッフが標準を作成して管理者からの指示内容を標準として実施」
➡実施する関係者で十分討議して標準を作成します。

(4) ○ 正しいです。

問題⑦の解答 (p.98～99)

(1) オ．母集団
(2) イ．サンプル
(3) サ．ロット
(4) ウ．計量値データ
(5) ア．計数値データ
(6) カ．ランダムサンプリング
(7) キ．ヒストグラム
(8) セ．散布図
(9) コ．4.2cm
(10) シ．3.0cm

問題⑧の解答 (p.122)

(1)　ウ．ヒストグラム
(2)　イ．特性要因図
(3)　カ．散布図
(4)　キ．管理図
(5)　ア．パレート図

問題⑨の解答と解説 (p.123)

(6) エ．4.0　平均値＝ $\frac{3.2+4.5+3.3+3.2}{4}=4.0$

(7) イ．1.8　範囲　5.0−3.2=1.8

問題⑩の解答 (p.142)

(1)　ク．ビフォアサービス
(2)　イ．ほうれんそう
(3)　ケ．5W1H
(4)　カ．三現主義
(5)　オ．原理

問題⑪の解答と解説 (p.158)

(1) ○　正しいです。

(2) ×　消毒（Syoudoku）ではなく、躾（Situke）です。

(3) ○　正しいです。

(4) ×　お客様との話を中断しないほうがいいです。

第 IV 部

ＱＣ検定模擬問題

品質管理検定（QC検定）4級模擬問題

品質管理検定のレベル判定内容に基づいて作成した4級模擬試験を解いてみてください。

問題は10問です。時間は90分です。

計算問題は、電卓を使って計算をしますが、関数電卓やスマートフォンは使えません。

問題は、選択肢から選ぶ問題と、「○」「×」を記入する問題の2種類です。解答にあたっては、問題の終わりにつけた解答記入用紙に、記号または○×を記入してください。

正解率70%以上となるように頑張ってください。

【模擬問題1】品質

品質に関する次の文章において、[　　] 内に入る最も適切なものを下欄の選択肢から1つ選び、その記号を解答記入用紙に記入してください。ただし、各選択肢を複数回用いることはありません。

(1) 品質とは、製品やサービスが、それを使用する [1] を満たしているかの程度です。

(2) 製品やサービスに対して、アンケート調査などでお客様の要求を把握し、整理します。整理されたお客様要求のうち、品質に関する要求を [2] といいます。

(3) [3] とは、製造の目標としてねらった品質のことで、設計品質ともいいます。一方、[4] とは、設計品質をねらって製造した製品の実際の品質のことです。

(4) 製品やサービスには [5] と [6] があり、後者の品質があればお客様は満足し、人に薦めたくなります。

[1〜6の選択肢]

ア. ねらいの品質	イ. 業界の要求	ウ. お客様のニーズ	エ. 要求品質
オ. 規格品質	カ. できばえの品質	キ. 魅力的品質	ク. 当たり前品質

【模擬問題2】マーケットイン

マーケットイン に関する次の文章において、［　　］内に入る最も適切なものを下欄の選択肢から1つ選び、その記号を解答記入用紙に記入してください。ただし、各選択肢を複数回用いることはありません。

(1) お客様に選んでいただくために、お客様の要求する品質を把握し、これを満たす製品を市場に提供することを［ 7 ］といいます。

(2) 多くの従業員にとって、お客様と直接接触する機会はないものですが、自分の仕事を引き継いでくれる人をお客様として考えます。この考え方を［ 8 ］といいます。

(3) 本当に良い品質の製品やサービスを提供することが大切で、そのための技術の確立を優先します。この考え方で仕事を進めていくことによって、不具合や手直しやムダをなくすことができ、お客様に信頼されて、売上増につながります。これが［ 9 ］の考え方です。

(4) 広義の品質とは、品質 (Quality)、コスト(Cost)、納期 (Delivery) であり、これらを［ 10 ］といいます。

[7～10の選択肢]

ア. 後工程はお客様	イ. 品質の三要素	ウ. マーケットイン
エ. 自工程	オ. プロダクトアウト	カ. 品質第一

【模擬問題3】管理

管理に関する次の文章で、正しいものには○を、正しくないものには×を解答記入用紙に記入してください。

(1) 通常の業務を遂行していくことを「SDCAサイクルを回す」といいます。ここでの"S"とは、スタッフの略です。 11

(2) 品質管理では、教育や訓練を行って、社員のレベルアップを図っていきます。しかし、全社員を同じレベルにするのは不可能ですし、時間もかかります。そこで、品質管理の活動においては、人のレベルのばらつきを補うしくみをつくって活動します。 12

(3) 改善のサイクルであるPDCAを回して、仕事を良くし続けることをスパイラルアップといいます。 13

(4) 現状が悪い状態のとき、本来のあるべき姿とのギャップを問題といいます。現状がさほど悪くなくでも、より高いレベルを設定したとき、このギャップを仮説といいます。 14

(5) PDCAサイクルで良くなった内容を標準化してそのやり方を全員に伝えます。 15

(6) PDCAサイクルで問題が発生すれば、SDCAサイクルで問題を解決していきます。 16

(7) 管理項目とは、厳しく管理するためのものであり、仕事がうまくいってる間は決めなくてもいいものです。 17

【模擬問題4】QCサークル活動

QCサークル活動に関する次の文章で、正しいものには○を、正しくないものには×を解答記入用紙に記入してください。

(1) 小集団活動（QCサークル活動）は、経営方針達成のための、業務に直結した活動であるので、明るい職場づくりは目指していません。 18

(2) 小集団活動（QCサークル活動）は、人材育成などを通じて企業の体質改善・発展に寄与することを目指した活動です。 19

(3) 小集団活動（QCサークル活動）は、製品やサービスを生み出すための仕事の質の向上をねらった活動であり、小集団（QCサークル）の基本には、能率や安全を向上させるための活動は含まれていません。 20

(4) 小集団活動（QCサークル活動）は、第一線の職場で働く人々が自主的に運営する活動であるので、経営者がQCサークルのメンバーに直接語りかけないほうが活性化します。 21

(5) 小集団活動（QCサークル活動）を効果的に進めるうえでは、テーマ解決活動の途中や完結した段階で、小集団（QCサークル）大会、研修会などの社外活動に参加することが有効です。 22

【模擬問題5】QCストーリー

QCストーリーに関する次の図において、[　　] 内に入る最も適切なものを下欄の選択肢から1つ選び、その記号を解答記入用紙に記入してください。ただし、各選択肢を複数回用いることはありません。

[23〜25の選択肢]

ア．問題の抽出　イ．対策の検討　ウ．現状の把握　エ．要因の解析　オ．対策の実施

【模擬問題6】検査

検査に関する次の文章で、正しいものには◯を、正しくないものには✕を解答記入用紙に記入してください。

(1) 検査とは、提供しようとする製品やサービスがお客様の要求に合致しているか否かを判定することです。具体的には、❶個々の製品やサービスに対して検査を実施し、適合/不適合を判定します。❷サンプルに対して検査を実施し、合格/不合格を判定します。 26

(2) 検査を行う段階で分類すると、「受入検査」「工程間検査」「試作検査」「出荷検査」に分けられます。 27

(3) 計測とは、長さや重さなどの物理量の測定では、単位の大きさを定めてこれを1とし、測定量が単位の何倍であるかを求め、その比で測定量の値を求めることです。 28

【模擬問題7】標準化

標準化に関する次の文章で、正しいものには◯を、正しくないものには✕を解答記入用紙に記入してください。

(1) 標準化を進めようとする対象に対して、その目的を明確にしておかないほうが標準を柔軟に使うことができます。 29

(2) 一度制定された標準であっても、その活用状況をよく見て、不都合なところがあれば改定したり、実情に合わない場合は廃止したりします。 30

(3) 実施する関係者が十分に討議して標準を制定するよりも、スタッフが標準を作成して管理者からの指示内容を標準として実施を要求する形のほうが、使われない標準を制定しないためには重要です。 31

(4) ある目的達成のため一緒になって活動する関係者の間での取り決め事項も、目的達成のために重要と考えられるものは、標準として制定しておいたほうがよいです。 32

【模擬問題8】サンプルと母集団

サンプルと母集団に関する次の文章において、［　］内に入る最も適切なものを下欄の選択肢から1つ選び、その記号を解答記入用紙に記入してください。ただし、各選択肢を複数回用いることはありません。

(1) 数値データとは、測定器などで測定された結果であり、誰もが同じように認識でき、事実を客観的に評価することができるものです。数値データには、数えて得られる［33］と、測定して得られる連続した［34］があります。

---

(2) サンプルから母集団を推測するには、分布の状態を［35］に表したり、2つの特性値の関係を［36］に表すことによって、視覚的に母集団を推測することができます。
もう1つの方法として、データの代表値である［37］とばらつきを表す［38］を計算すると、分布の状態を数量的に見ることができます。

---

(3) サンプルは、母集団を偏りなく正しく代表するようにとります。そのため、［39］でサンプリングします。

[33～39の選択肢]

A. 計量値データ	B. 平均値	C. ヒストグラム	D. ロット
E. 範囲	F. 測定誤差	G. サンプリング誤差	H. 計数値データ
I. ランダムサンプリング		J. 散布図	K. 数値化データ

第IV部 QC検定模擬問題

【模擬問題9】QC七つ道具

QC七つ道具に関する次の図において、[　　] 内に入る最も適切なものを下欄の選択肢から１つ選び、その記号を解答記入用紙に記入してください。ただし、各選択肢を複数回用いることはありません。

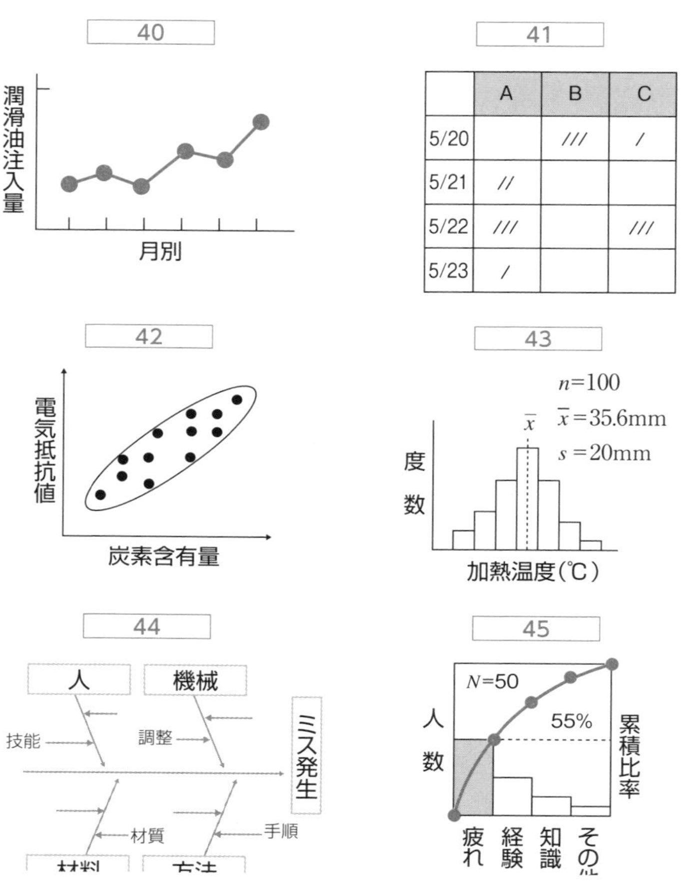

[40〜45の選択肢]

ア. パレート図　イ. 特性要因図　ウ. グラフ　エ. 散布図
オ. チェックシート　カ. ヒストグラム　キ. 管理図

【模擬問題10】ビジネスマナー

ビジネスマナーに関する次の文章で、正しいものには◯を、正しくないものには✕を解答記入用紙に記入してください。

(1) 自分で処理できるクレームは、課長を心配させるだけなので、課長には報告せず、自分ですばやく処理することを心がける。 46

(2) お客様からのクレームへの対応は、すばやく謝罪するため電話だけでよい。今回は結果的にそれで間に合ったのだから、わざわざお詫びのための訪問はしなくてよい。 47

(3) ミスを起こした場合は、被害を最小限に食い止めるよう努力する。 48

(4) お客様からのクレームへの対応の場合、新入社員である自分がお客様へ電話するのは失礼にあたるため、課長から処理状況を適宜、先方に経過報告してもらう。 49

(5) お客様からのクレームは、事実をしっかり把握したうえで処理しなければならない。謝罪は、処理したあとにする。 50

(6) 業務上のミスは、寝不足や暴飲などで体調が悪いときに起こりやすい。若いからといってむちゃをせず、日ごろから注意し、規則正しい生活を心がける。 51

(7) お客様に謝罪に行く際は、クレーム対応マニュアルなどにしっかりと目を通し、手土産を持参し、言葉遣いには注意する。 52

(8) 怒っているお客様には何を言っても火に油を注ぐだけなので、謝罪するときはひたすら謝り続けるのが一番良い対応である。 53

模擬問題解答記入用紙

所属＿＿＿＿＿＿＿＿＿＿＿　氏名＿＿＿＿＿＿＿＿＿＿＿　正解率＿＿＿＿＿＿＿

【模擬問題1】

1	2	3	4	5	6

【模擬問題2】

7	8	9	10

【模擬問題3】

11	12	13	14	15	16	17

【模擬問題4】

18	19	20	21	22

【模擬問題5】

23	24	25

【模擬問題6】

26	27	28

【模擬問題 7】

29	30	31	32

【模擬問題 8】

33	34	35	36	37	38	39

【模擬問題 9】

40	41	42	43	44	45

【模擬問題 10】

46	47	48	49	50	51	52	53

模擬問題解答

【模擬問題1の解答】

(1) ウ（お客様のニーズ）　(2) エ（要求品質）
(3) ア（ねらいの品質）　(4) カ（できばえの品質）
(5) ク（当たり前品質）　(6) キ（魅力的品質）

【模擬問題1の解説】

(1)～(2) 品質のもととなる要素です。
(3)～(6) では、いろいろな切り口から品質を表現しています。
・(3)～(4) ねらいの品質とできばえの品質
・(5)～(6) 当たり前品質と魅力的品質

【模擬問題2の解答】

(7) ウ（マーケットイン）　(8) ア（後工程はお客様）
(9) カ（品質第一）　(10) イ（品質の三要素）

【模擬問題2の解説】

(7) お客様指向で進めていくキーワードはマーケットインであり、プロダクトアウト（企業の考えで市場に製品を提供する考え方）ではありません。
(9)～(10) 品質管理で一番大事なことは、品質第一であり、品質の三要素は、品質（Quality）、コスト（Cost）、納期（Delivery）です。

【模擬問題3の解答・解説】

(11) ×　SDCAの“S”は、スタッフではなく”Standard“、すなわち標準に基づいて仕事を進めることです。
(12) ○　正しいです。
(13) ○　正しいです。
(14) ×　「より高いレベルを設定したとき、このギャップを仮説といいます」
➡ このギャップを“仮説”ではなく“課題”といいます。
(15) ○　正しいです。
(16) ×　PDCAとSDCAが逆。

(17) ×　管理項目は「今うまくいっているか」を判断するものですから、最初に設定する必要があります。

【模擬問題4の解答・解説】

(18) ×　「明るい職場づくりは目指していません」
　　➡ 小集団活動（QCサークル活動）は、明るい職場づくりも目指しています。

(19) ○　正しいです。

(20) ×　「小集団（QCサークル）の基本には、能率や安全を向上させるための活動は含まれていません」
　　➡ 活動では、もちろん、能率向上や安全に関するテーマも取り上げます。

(21) ×　「経営者がQCサークルのメンバーに直接語りかけないほうが活性化します」
　　➡ 経営者が声をかけることによって、メンバーの意欲が増し、活性化します。

(22) ○　正しいです。

【模擬問題5の解答】

(23) ウ．現状の把握

(24) エ．要因の解析

(25) オ．対策の実行

【模擬問題5の解説】

(23) 問題を層別し、重要な問題点を抽出します。

(24) 問題点の原因を追求します。

(25) 良い対策に仕上げます。

【模擬問題6の解答・解説】

(26) ×　「…❷サンプルに対して」ではなく「…❷ロットに対して」です。

(27) ×　「試作検査」ではなく、「最終検査」です。

(28) ○　正しいです。

【模擬問題7の解答・解説】

(29) × 「その目的を明確にしておかないほうが標準を柔軟に使うことができます」

➡ やはり、目的は明確にしておく必要があります。

(30) ○ 正しいです。

(31) × 「実施する関係者が十分に討議して標準を制定するよりも、スタッフが標準を作成して管理者からの指示内容を標準として実施」

➡ 実施する関係者で十分討議して標準を作成します。

(32) ○ 正しいです。

【模擬問題8の解答】

(33) H（計数値データ）

(34) A（計量値データ）

(35) C（ヒストグラム）

(36) J（散布図）

(37) B（平均値）

(38) E（範囲）

(39) I（ランダムサンプリング）

【模擬問題8の解説】

(33)～(34) データの種類2つ

(35)～(36) データを視覚的に表現したまとめ方2つ

(37)～(38) データを数量的にまとめた中心的傾向とばらつき

(39) サンプリング時のポイント

【模擬問題9の解答】

(40) ウ．グラフ

(41) オ．チェックシート

(42) エ．散布図

(43) カ．ヒストグラム

(44) イ．特性要因図

(45) ア．パレート図

【模擬問題 10の解答】

(46) ×

(47) ×

(48) ○

(49) ○

(50) ×

(51) ○

(52) ×

(53) ×

索引

あ行

か行

さ行

た行

な行

は行

ま行

や行

ら行

アルファベット

数字

引用・参考文献

1)『QC七つ道具がよ～くわかる本』今里健一郎著　2009.7 秀和システム
2)『「見える化」で目標を達成する本』今里健一郎・佐野智子著　2011.4 秀和システム
3)『品質管理の基本がわかる本［第2版］』今里健一郎著　2013.10 秀和システム
4)『ポケット図解 品質管理の基本がわかる本』今里健一郎著　2010.7 秀和システム
5)『最新QC検定 3級テキスト＆問題集』今里健一郎著　2019.11 秀和システム

著者紹介

今里健一郎（いまざと けんいちろう）

1972年3月、福井大学工学部電気工学科卒業
1972年4月、関西電力株式会社入社、同社北支店電路課副長、同社市場開発部課長、同社TQM推進グループ課長、能力開発センター主席講師を経て退職（2003年）
2003年7月、ケイ・イマジン設立
2006年9月、関西大学工学部講師、近畿大学講師
2011年9月、神戸大学講師、流通科学大学講師
現在、ケイ・イマジン代表

主な著書

『改善を見える化する技術』日科技連出版社　2007（共著）
『QC七つ道具がよ～くわかる本』秀和システム　2009
『新QC七つ道具の使い方がよ～くわかる本』秀和システム　2012
『図解で学ぶ品質管理』日科技連出版社　2013（共著）
『新QC七つ道具活用術』日科技連出版社　2015（共著）
『目標を達成する7つの見える化技術』日科技連出版社　2016
『最新QC検定 3級テキスト＆問題集』秀和システム　2019
『最新QC検定 2級テキスト＆問題集』秀和システム　2019
『最新QC検定 1級テキスト＆問題集』秀和システム　2020

●イラスト　まえだ　たつひこ
●編集協力　株式会社エディトリアルハウス

MEMO

最新QC検定 4級テキスト&問題集

発行日 2021年 4月 1日 第1版第1刷
2024年 7月11日 第1版第7刷

著 者 今里 健一郎

発行者 斉藤 和邦
発行所 株式会社 秀和システム
〒135-0016
東京都江東区東陽2-4-2 新宮ビル2F
Tel 03-6264-3105（販売）Fax 03-6264-3094
印刷所 三松堂印刷株式会社 Printed in Japan

ISBN978-4-7980-6258-7 C2034

定価はカバーに表示してあります。
乱丁本・落丁本はお取りかえいたします。
本書に関するご質問については、ご質問の内容と住所、氏名、電話番号を明記のうえ、当社編集部宛FAXまたは書面にてお送りください。お電話によるご質問は受け付けておりませんのであらかじめご了承ください。